人文武术精品书系

勿使前辈之遗珍失于我手
勿使国术之精神止于我身

孙禄堂

形意拳学

武学名家典籍丛书

孙禄堂武学集注

孙禄堂·著

孙婉容·校注

北京科学技术出版社

孙福全（1860—1933年），字禄堂，世以字行，号涵斋。河北完县（今河北顺平）人。资质聪颖，性情温和。幼从李魁垣读书习拳。继从李之师郭云深公深造。后闻北京程廷华精八卦掌，遂朝从程，暮从郭，研习两家拳法，功夫深厚，享名于京。因其相貌清癯，身材巧小，动作轻灵，时人有“活猴”之誉。五十余岁又从郝为桢学太极拳，晚年冶太极拳、形意拳、八卦掌技法于一炉，创进退相随，圆活敏捷的孙氏太极拳，并提出太极、形意、八卦三家会合为一体，一体分三派，“三派姿势虽不同，其理则一也”之理论。1928年，被南京中央国术馆聘为武当门门长，嗣改就江苏省国术馆教务长。孙禄堂喜研周易、丹经，据以阐发拳理。著有《形意拳学》《八卦拳学》《太极拳学》《拳意述真》《八卦剑学》等。

形意拳学

一代宗师孙禄堂

孙禄堂（1860年12月—1933年12月），讳福全，晚号涵斋，河北省完县人，是清末民初蜚声海内外的儒武宗师，有“虎头少保”“天下第一手”及“武圣”之称誉。

孙禄堂从师形意拳名家李魁垣，艺成被荐至郭云深大师处深造。之后又承武林大家程廷华、郝为桢亲授，并得宋世荣、车毅斋、白西园等多位武林前辈的认可点拨。郭云深喜而惊叹曰：“能得此子，乃形意拳之幸也！”程廷华赞曰：“吾授徒数百，从未有天资聪慧复能专心潜学如弟者。”郝为桢叹服：“异哉！吾一言而子已通悟，胜专习数十年者。”孙禄堂南北访贤，得多位学者、高僧、隐士、道人指点，视野广开，尤其在《易经》、儒释道哲理、内丹功法方面，收益奇丰。孙禄堂精通形意拳、八卦拳、太极拳三拳，他以《易经》为宗旨，融会古今，打通内外，提出“三拳形虽不同，其理则一”的武学理念。孙禄堂已出版《形意拳学》《八卦拳学》《太极拳学》《八卦剑学》《拳意述真》五本武学经典。

孙禄堂创建的“孙氏太极拳”，在国术史上首次提出及印证了“拳与道合”这一经典命题，是太极拳发展史上的一座里程碑。

孙禄堂第一个提出：在文化领域里，武学与文学，具有等同的价值；又率先提出“国术统一”的思想，这在当时中国武术界引发了极大的反响。

孙禄堂集武学、文学、书法、哲学、教育学、社会学等多科学问于一身，武有成，文有养，是文武共舞共融的实践者。

上图 授陆军步兵中尉七等文虎章

下图 孙禄堂先生青年时期留影

孙禄堂得亲友助，从师形意拳名家李魁垣，读书习字兼习形意拳。三年艺成，武技猛进，文化、书法也同步提高。李师慧眼，荐孙禄堂至其师郭云深处继续深造。仅年余后，郭公喜而惊叹曰：“能得此子，乃形意拳之幸也！”受教期间，孙禄堂渐悟《易》理与拳的关联，潜心探索其本，郭公心悦，鼎力助之。孙禄堂得知八卦拳与《易经》的关系，初探参《易》修拳，八年艺成。郭公叹曰：“此子，真能不辱其师。”郭公择定孙禄堂为衣钵传人，在临终前托人代办。孙禄堂尊师重道，万分感念，但从未以此自许。

三体图——世人不知拳中内劲为何物。其实万法皆出于三体式，此式乃入道之门，形意拳中之总机关也

钻拳图——钻拳者，属水，是一气之曲曲流形，无微不至也。钻上如水在地中忽然突出，亦如泉水之上翻似闪

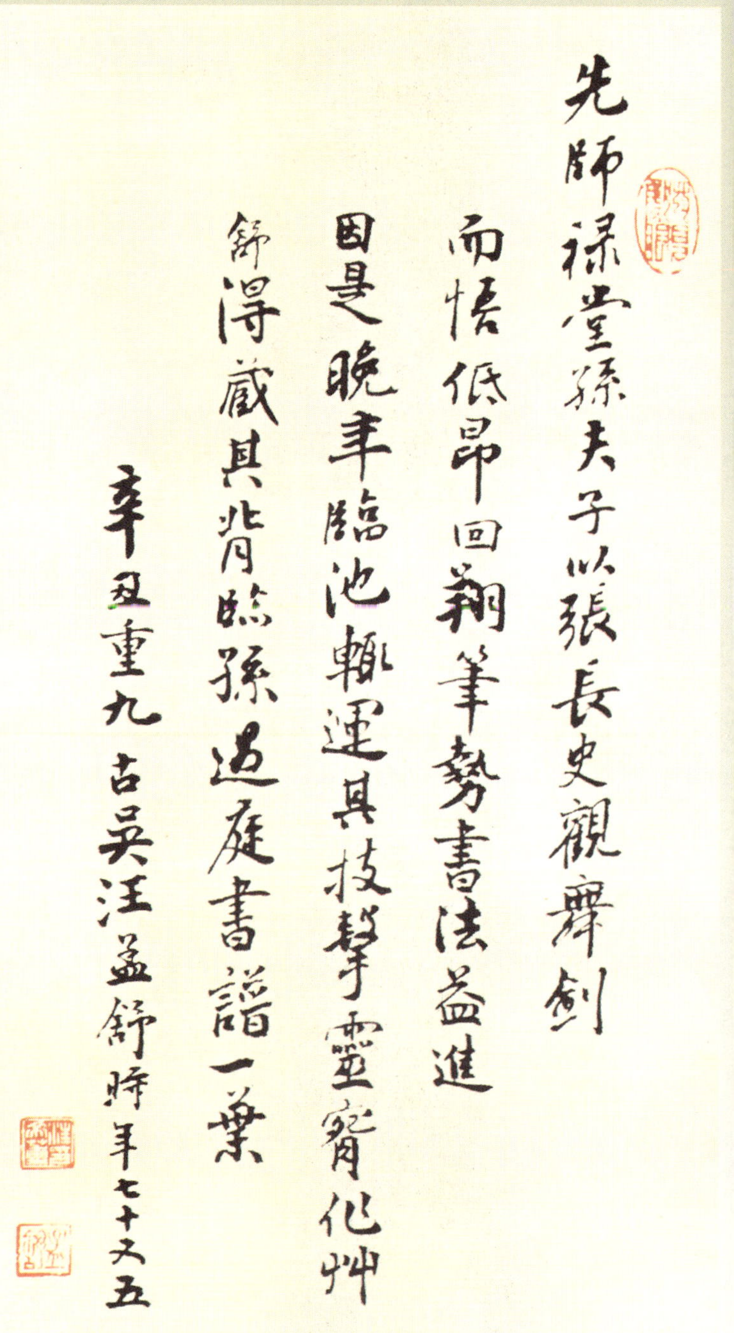
先師祿堂孫夫子以張長史觀舞劍
而悟低昂回翔筆勢書法益進
固是晚年臨池輒運其技擊靈竅化艸
舒得藏其背臨孫過庭書譜一葉
辛丑重九 古吴汪孟舒時年七十又五

汪孟舒 字希董 清末民初琴家、书法家、画家、收藏家

出版人语

武术作为中华民族文化的重要载体，集合了传统文化中哲学、天文、地理、兵法、中医、经络、心理等学科精髓，它对人与自然和谐共生关系的独到阐释，它的技击方法和养生理念，在中华浩如烟海的文化典籍中独放异彩。

随着学术界对中华武学的日益重视，北京科学技术出版社应国内外研究者对武学典籍的迫切需求，于 2015 年决策组建了“人文·武术图书事业部”，而该部成立伊始的主要任务之一，就是编纂出版“武学名家典籍”系列丛书。

入选本套丛书的作者，基本界定为民国以降的武术技击家、武术理论家及武术活动家，而之所以会有这个界定，是因为民国时期的武术，在中国武术的发展史上占据着重要的位置。在这个时期，中、西文化日渐交流与融合，传统武术从形式到内容，从理论到实践，都发生了巨大的变化，这种变化，深刻干预了近现代中国武术的走向。

这一时期，在各自领域“独成一家”的许多武术人，之所以被称为“名人”，是因为他们的武学思想及实践，对当时及现世武术的影响深远，甚至成为近一百年来武学研究者辨识方向的坐标。这些人的“名”，名在有武术的真才实学，名在对后世武术传承永不磨灭的贡献。他们的各种武学著作堪称为“名著”，是中华传统武学文化极其珍贵的经典史料，具有很高的文物价值、史料价值和学术价值。

首批推出的“武学名家典籍”丛书第一辑，将以当世最有影响力的太极拳为主要内容，收入了著名杨式太极拳家杨澄甫先生的《太极拳使用法》《太极拳体用全书》；一代武学大家孙禄堂先生的《形意拳学》《太极拳学》《八卦拳学》《拳意述真》《八卦剑学》；武学教育家陈微明先生的《太极拳答问》《太极拳术》《太极剑术》。民国时期的太极拳著作，在整个太极拳发展史上占有举足轻重的地位。当时的太极拳著作，正处在从传统的手抄本形式向现代著作出版形式完成过渡的时期；同时也是传统太极拳向现代太极拳过渡的关键时期。这一历史时期的太极拳著作，不仅忠实地记载了太极拳架的衍变和最终定型，而且还构建了较为完备的太极拳技术和理论体系，而孙禄堂先生的武学著作及体现的武学理念，特别是他首先提出的“拳与道合”思想，更是使中国武学产生了质的升华。

这些名著及其作者，在当时那个年代已具有广泛的影响力，而时隔近百年之后，它们对于现阶段的拳学研究依然具有指导作用，依然被太极拳研究者、爱好者奉为宗师，奉为经典。对其多方位、多层面地系统研究，是我们今天深入认识传统武学价值，更好地继承、发展、弘扬民族文化的一项重要内容。

本丛书由国内外著名专家或原书作者的后人以规范的要求对原文进行点校、注释和导读，梳理过程中尊重大师原作，力求经得起广大读者的推敲和时间的考验，再现经典。

“武学名家典籍”丛书，将是一个展现名家、研究名家的平台，我们希望，随着本丛书第一辑、第二辑、第三辑……的陆续出版，中国近现代武术的整体风貌，会逐渐展现在每一位读者的面前；我们更希望，每一位读者，把您心仪的武术家推荐给我们，把您知道的武学典籍介绍给我们，把您研读诠释这些武术家及其武学典籍的心得体会告诉我们。我们相信，“武学名家典籍”丛书这个平台，在广大武学爱好者、研究者和我们这些出版人的共同努力下，会越办越好。

前言

先祖父禄堂公 1933 年 12 月殁于故里，至今已 82 年；先父存周公 1963 年逝于北京，至今亦 52 了。而不管过多少年，先祖父和父辈留下的事业及由此带来的责任，却始终沉甸甸地压在我的心头。

先祖父孙禄堂，孙氏武学的创建者，喜文近武，得多位武术大师倾心传授，加以天赋资质，刻苦勤奋，数十年如一日，矢志不渝，精修形意、八卦、太极三派拳术，经半个多世纪的研习、探索、提炼，终臻化境。时人公论，集三派拳术于一身且精通技理者，独孙禄堂一人耳。故先贤宋世荣曾赠言："学于后，空于前。后来居上，独续先宗绝学。"

先祖父品德高尚，武功造极，学识渊博，又深谙国学，感悟武术与"周易"关联，遂参《易》修拳，首提关乎武学未来走向的"拳与道合"之理，并冶三拳技理于一炉，创立了"三拳形虽不同，其理则一"的孙氏太极拳，在中国太极拳发展历史上，立起了一座划时代的丰碑。

先祖父武学著作颇丰，代表作《形意拳学》《八卦拳学》《太极拳学》《拳意述真》《八卦剑学》，技理俱佳，极具科学性、可读性以及实用价值。传播至今，仍被武学研究者奉为圭臬。

孙氏后人，时刻以先人的荣誉为荣，更以弘扬先人开创的一脉拳学为己任。20 世纪 90 年代初，由先姐孙叔容组织孙氏武学门人，首次对孙禄堂武学著作进行了整理及简注。

21 世纪初，再由先姐孙叔容，带领笔者及亡弟宝亨，编著出版了《孙禄堂武学著作大全增订本》。

先姐在这册《大全增订本》前言中申明了笔者姐弟之所以一而再、再而三整理注释先祖父遗著的初衷：

先祖"阐明武学之道，刊行于世，裨益后学者多矣。"然"孙氏武学著作中常引用儒、释、道三家之说，及阴阳、五行、八卦、运行之理，以阐发拳中之奥义，每有文言体裁，且引述《易经》及黄老之学，难为近人所接受，笔者等遂编写《孙禄堂武学著作大全简注》一书以应读者之需，出版以来备受读者喜爱。现初版书早已告罄，而索书者日众。今经笔者对《孙禄堂武学著作大全简注》一书进行补充校订，以修订本问世，以飨孙氏武学爱好者。"

先姐所言，道出了吾辈孙氏后人的心声，在此《孙禄堂武学著作大全简注》之后，笔者亦筹资先后自费出版印行了再现先祖父五本经典拳学原版原貌的《孙禄堂武学全集》和全面展示先祖父文有养，武有成，文武共舞共融风采的《孙禄堂文武集》。

先祖父所著五本经典拳学，影响深远，求索者众。先父孙存周昔年在世时，几度再版，仍不敷求。本人效仿先父，为酬孙氏武学之知音，不畏其难，自筹资金，自费印制《孙禄堂武学全集》，亦是孙家后人"成先人之志，不坠其业"的一点儿执守。

光阴荏苒，仅《孙禄堂武学著作大全增订本》的问世，转瞬已15年矣。包括以先姐为首的合作人，除笔者外，俱已驾鹤西去。然孙氏武学之研究，却始终没有停止，整理修订工作正未有穷期。

笔者虽届米寿之年，但责无旁贷，暂担此任，力足赴之，薪火相传，团结门人弟子、学生以及所有爱好者，为传承普及推广孙氏武学，继续进行公益教学、编著及有关的社会活动。恰逢此时，北京科学技术出版社紧跟国家前进步伐，为弘扬中国武术文化，以人为本，实现梦想，相约出版“武学名家典籍”丛书之《孙禄堂武学集注》，双方一谋即合，决心倾情共襄孙氏武学研究领域的这一盛举。

由笔者担任校注的《孙禄堂武学集注》，集孙禄堂武学著作竖排原版原文、横排简体版、孙禄堂部分历史图照及书法作品为一体，重点对孙禄堂原著进行点校正误，并在旧作《孙禄堂武学著作大全增订本》的基础上，增加修正部分解注。旨在更有利于习者阅读，理论联系实际，提升武技水平。本版《孙禄堂武学集注》的影印部分，选用民国十六年（1927 年）至民国廿四年（1935 年）间出版的孙禄堂原著，原书版次可见于各册影印部分结尾的版权页，供读者核查。

本书完稿，即将付梓，虽严加校正，亦恐难臻至善不留讹舛，敬请方家正之。

孙婉容

乙未秋月书于北京颐清园

形意拳學

陸軍步兵少校六等文虎章孫禄堂

形意拳學序

武力諸技術率皆託始達摩而支分派別真以僞雜或利用而不良於觀或上下進退善爲容而用焉輒窒因以致敗則傳受其要也拳法門內人言以太極爲第一門而世俗所傳綿掌八極十二節充其量不過一匹夫之所能其專事吐納道引若五禽八段錦造次敵至手足無措又無以應變唯形意體本太極擴而發之不窮於用且年過可學一介儒生下至婦人女子力無不可爲者而緩衣博帶無擇技之至者進乎道而通乎神痀僂丈人承蜩累五丸不墜猶掇呂梁丈夫蹈水與齊俱入與汩偕出庖丁十九年解牛數千刀刃若新發於硎莊子固多寓言抑豈遂無其事而故爲此俶儻以自快其所託也書中所稱拳法大師郭雲深某嘗聞其力能摧壁又令五壯佼拄巨竿於腹一鼓氣五人者

皆倒退至五六步外撲地跌坐顧終身未嘗以所長加人隱死茶肆孫君旣爲其再傳弟子淵源所自術業之精不問可決也往歲某見有寫本五公山人新城王餘佑所著刀法拳術心竊好之而未暇錄福以存曶曶今二十年十三刀法已梓行不復能憶其拳術亶憶其主要曰意氣力而力不自力他人之力皆其力道在用藉極其所至可以撼山灑海軒拄天地凡意氣之所至皆力之所至與今孫君所傳是不同出一原抑原一而異其支與流裔孫君當能知其所以然凡所與游儻有錄傳其書者尚望轉以相告勿祕藏也

民國四年五月湘帆趙衡序

奇幻儵忽

秦樹聲

宥橫

序

夫人生於世享大年康健之樂莫不得之善修者也在古有吐納導引之術究不免逐偏詭正聖人病之今我中華昌運宏開寰瀛之內衛生之說溢焉然殷憂所抱恒見羸軀之士枯形寡神焦肌之童瘁體多病其故何在實不知修身之道也因思人生重於完玉知養其身而不知其所由養徒侈談衛身之說庸有濟乎嚮嘗聞之先身而生者先天也後身而生者後天也先天之氣在腎後天之氣在脾先天之氣爲氣之體體主靜故神藏而機靜後天之氣爲氣之用用主動故神發而運動是知內五神臟之水木火土金之五氣循環相生隨天地陰陽五行之氣同周流而靡間於以達諸耳目形骸者神發其智矣通諸筋骨脈絡者精發其華矣身體堅強靈明貫澈非善爲修持者安能知此素問曰

上古之人其知道者法於陰陽又曰今時之人逆於生樂起居無節故半百而衰又曰女子七七任脈虛地道不通故形壞而無子是知人之材非同金石若不善爲修持豈非夭折自取乎頃者友人孫祿堂先生持形意拳學示余且詔之曰能將此學參悟卽可得此拳之妙能將此拳練有粗得卽可獲無窮之益余披展玩尋漸悟一二復請教於先生先生曰五行拳者生於無極者也無極者乃人之無意想無形朕先天極妙之主體冲和之本始太極陰陽動靜之初原也萬物之生負陰抱陽一物一太極太極本無極人之眞元所從而來靈明所從而抱五行拳生於此而與之通通則變完全人身之陰陽而保此靈明者也永人之天年暢達人之血脈筋骨欲從後天反先天而盡衛生之術者也苟以異端目之遠矣且練此拳非獨壯男卽老人童婦皆可隨便練習有

百益而無一害雖以之強我種族可也余因是言而悟是學且識先生欲壽世作人培中國強盛之基先生之用意可謂大而遠矣然則此形意拳根於無極能與陰陽合德四時合序迥非古時吐納導引之術所可同日而語尤非今日之技藝家所可望塵也是學也先生得諸李魁元先生之口傳心授而淵源於宋代岳武穆之發明遠創於達摩祖師名雖爲拳實則爲再造生人之祕鑰壽育世界之宏規武而兼道文而不腐可爲至寶先生手作既成爰囑余爲序余恐負先生之意是以不揣譾陋聊贅妄語於簡端非敢謂於先生之旨趣有合也

大興厚菴氏艾毓寬謹識

余從祿堂先生學形意拳術將及四載始知式簡而意精學易而習難無過於形意者矣夫日月往來而明生寒暑往來而歲成造化一陰陽屈伸之理形意有往體有來體於順中而求逆一屈一伸不運氣而氣充不加力而力無窮究其功之所至合陰陽參造化而與太極同體故先生是書首論太極之體昧者不察乃言形意非太極豈知拳術精微之理乎蓋能得渾圓一氣之意則合乎太極式與法其粗焉者也世之習太極拳術者未得渾圓一氣之意雖能演長拳及十三式之形又烏得謂之太極耶先生兼明形意八卦太極三家故能合治一鑪而參論之好拳術者虛心研察其益於身心豈淺鮮哉

己未春三月蘄水陳曾則序

自序

聞之有天地然後有人民有人民然後有庶事有庶事而後萬民樂業此自然之趨勢也然所以富強之道在乎黎庶之振作振作之主義在精神若無精神則弱矣人民弱國何強欲圖國強須使人民勿論何界以體操爲不可缺之一科如此則精神振矣國奚不強前此文武分歧文人鄙棄武術武人不精文理此其中似有畛域之分焉今國家振興庶務百度維新學校之中加入拳術一門俾諸生文武兼進可謂法良意美已 余幼而失學即喜習武事並非圖猛力過人之勇止求有益衛生之功不以氣粗力猛爲勇而以不粗不猛剛柔相濟而爲勇也人有言曰武學與文學一理理既同則何分輕重然文學之士所以不講武術者實因有粗猛不雅之弊耳 余於形意一門稍窺門徑內含無極太

極五行八卦起點諸法探原論之彼太極八卦二門及外家內家兩派雖謂同出一源可也後世漸分門類演成各派實亦勢使之然耳余習藝四十餘年不揣固陋因本聞之吾師所口授暨所得舊譜加以詮釋蓋亦述而不作之意也余嘗聞吾師云形意拳創自達摩祖師名爲內經至宋岳武穆王發明後元明二代因無書籍幾乎失傳當明末清初之際有蒲東諸馮人姬公先生諱際可字隆風武藝高超經歷有年適終南山得岳武穆王拳譜數編融會其精微奧妙後傳授曹繼武先生曹先生卽康熙癸酉科武試聯捷三元供職陝西靖遠總鎮者是也先生致仕後別無所好惟以平生工夫授人而娛餘年以技傳戴龍邦先生山西人戴龍邦先生傳李洛能先生直隸人李洛能先生相傳郭雲深直隸人劉奇蘭直隸人宋世榮直隸人車毅齋山西人白西園江蘇人諸先生

諸先生各收門徒郭雲深先生傳李魁元許占鰲諸先生劉奇蘭先生傳李存義耿繼善周明泰諸先生余侍李魁元先生爲師從學數載曾在北京白西園先生處得見岳武穆王拳譜並非原本係後人錄抄所論亦不甚詳惜無解釋之詞袛篇首有跋數行余一是頓開茅塞立願續述完備明知學術譾陋無所發明竊仿此譜深心研究再照此拳各式一一著載成書實無文法可觀於吾所學不敢稍有背謬至其間有未至者尚望諸同志隨時指正爲感

中華民國乙卯正月望日保定完縣孫福全謹序

凡例

一是編分爲上下兩編。提綱挈領。條目井然。上編次序首揭混沌開闢天地五行之學。並附正面之式說。至形意虛無含一氣之大旨。則有起原而側身向右之式說附焉。斯二者。乃形意拳之基礎也。由總綱形意無極之說。起至第五節演習之要義。更由第一章劈拳至七章十二節五行生尅學。是爲上編條目。按次練習。始無差謬。

下編標舉形意天地化生萬物之道。爲下編綱領。其第一章龍形說起。至十四章二十二節安身砲學終。爲下編條目。其中有單行有對舞。單行者單獨練習。對舞者二人比式。分甲乙上下之手。各開門起點。進退伸縮變化諸法。一一詳載。體操時凡一動一靜。按此定法。不使紊亂。則此拳之全體大用功能。庶幾有得。可爲無用中之大用矣。

凡例

一是編爲體操而作。祇敘形意拳之實益。議論但取粗俗易明。原非等於詞藻文章。固不得以文理拘也。

一是編除各式之指點外。其他一切引證。均與道理相合。迥非怪力亂神之談。所可比擬。學者不得以異端目之。

一是編發明此拳之性質。純以養正氣爲宗旨。固非拳脚譜八段錦諸書所可比倫。今將十二形拳始末諸法。貫爲全編。使學者一目了然。

一體操一門。種類繁多。惟形意拳法。係順天地自然之理。運用一派純正之氣。勿論男女婦孺。及年近半百之人。皆可練習。一無折腰曲腿之苦。二無躍高蹤險之勞。且不必短服扼腕。隨便常服。均可從事。此誠武業中文雅事也。

一此體操。較別項體操不同。別項體操。有或尚勁力。或進柔軟。或講運氣。以至刀矛技藝。等等不一。皆非同此拳之妙用。故不能脫俗。

一此十二形之體操。關係全身精神。久疾者能愈。不起者能痊。又不僅於習拳已也。

一是編每一形各附一圖。使十二形拳之原理。及其性質。切實發明。用以達十二形之精神能力巧妙。因知各拳各式。總合而爲一體。終非散式也。

一附圖悉用電照。以免毫釐之失。學者按像模仿。實力作去。久則奇效必彰。而非紙上談兵矣。

形意拳學目次

目次

目次

上編形意混沌闢開天地五行學

總綱　形意無極學

無極者。當人未練之先。無思無意。無形無象。無我無他。胸中混混沌沌。一氣渾淪。無所向意者也。世人不知有逆運之理。但斤斤於天地自然順行之道。氣拘物蔽。昏昧不明。以致體質虛弱。陽極必陰。陰極必死。於此攝生之術。概乎未有諳也。惟聖人獨能參透逆運之術。攬陰陽奪造化。轉乾坤扭氣機。於後天中返先天。復初歸元。保合太和。總不外乎後天五行拳八卦拳之理。一氣伸縮之道。所謂無極而能生一氣者是也。

第一勢

起點面正。兩手下垂。兩足爲九十度之式。此式是順行天地自然之道。

謂之無極形式也。

總綱

無極圖

第一節 形意虛無含一氣學

虛無者。○是也。含一氣者⦶是也。虛無生一氣者。是逆運先天眞一之氣也。但此氣不是死的。便是活的其中有一點生機藏焉。此機名曰。先天眞一之氣。爲人性命之根。造化之源。生死之本。形意拳之基礎也。將動而未動之時。心內空空洞洞。一氣渾然。形迹未露。其理已具。故其形象太極一氣也。

第一式

起點半邊向右。兩手下垂。左足在前。靠右足裏脛骨。爲四十五度之式。內舌頂上腭。穀道上提。此式是攬陰陽奪造化。轉乾坤扭氣機。逆運先天眞陽。不爲後天假陽所傷也。

第一節 含一氣圖

第二節　形意太極學

太極者。屬土也。在人五臟屬脾。在形意拳中之橫拳。內包四德。四德者即劈崩

鑽砲之拳名也 形者。形象也。意者。心意也。人爲萬物之靈。能感通諸事之應。是以心在內而理周乎物。物在外而理具於心。意者。心之所發也。是故心意誠於中而萬物形於外。內外總是一氣之流行也。

第一勢

起點身法。由靜而動。不可前俯。不可後仰。不可左斜。不可右歪。要和而不流。中立而不倚。左足在前。右足在後。左足後根。靠右足脛骨。爲四十五度之式。如圖是也。兩肩鬆開往下垂勁。兩肘緊靠脅。兩手抱心。左手在下。右手在上。左手食指向前伸平直在下。右手中指亦向前伸平直在上。蓋於左手食指之上。二指相合。頭要往上頂。項要直豎。腰要往下塌勁。兩胯裏根。均平抽勁。兩足後根。均向外扭勁。兩腿徐徐曲下。如圖是也。兩腿灣曲要圓滿。不可有死灣子。身子仍不可有一毫之歪斜。心中不可有一毫之努氣。起點之時。心意如同人在平地立竿。將立定之時。心氣自然平穩沉靜。亦無偏倚。謂之心與意合。意與氣合。氣與力合此之謂內三合也。不如是。則始有一毫之差。而終有千里之謬也。故求學者。宜深索焉。

第二節

太極圖

又云式立定之時。謂之鷄腿。龍身。熊膀。虎抱頭。取名一氣含四象也。易云。四象不離兩儀。兩儀不離一氣。一氣自虛無兆質。兩儀因此一氣開根也。鷄腿者（有獨立之形也）龍身者。（三折之式也）熊膀者。（項直豎之勁也）虎抱頭者。（兩手相抱有虎離穴之式也）

第三節　形意兩儀學

兩儀者。拳中動靜起落伸縮往來之理也。吾人具有四體百骸。伸之而爲陽。縮之而爲陰也。兩手相抱。頭往上頂。開步先進左腿。兩手徐徐分開。左手往前推。右手往後拉。兩手如同撕綿之意。左手直出。高不過口。伸到極處爲度。大指要與心口平。胳膊似直非直。似曲非曲。惟手腕至肘。總要四平爲度。右手拉到心口爲止。大指根裏陷坑。緊靠心口。左足與左手齊起齊落。後足仍不動。左右手五指具張開。不可並攏。左手大指要橫平。食指往前伸。左右手大二指虎口。皆半圓形。兩眼看左手大指根食指梢。兩肩鬆開。均齊抽勁。兩胯裏根。亦均齊抽勁。是肩與胯合也。兩肘往下垂勁。不可顯露。後肘裏曲。不可有死灣。要圓滿如半月形。兩膝往裏扣勁。不可顯露。是肘與膝合也。兩足後根均向外扭勁。不可顯露。

是手與足合。此之謂外三合也。肩要催肘。肘要催手。腰要催胯。胯要催膝。膝要催足。身子仍直立。不可左右歪斜。心氣穩定。看陽而有陰。看陰

第三節　兩儀圖

而有陽。陰陽相合。上下相連。內外如一。此之謂六合也。雖云六合。實則內外相合。雖云內外相合。實則陰陽相合也。陰陽相合。三體因此而生也。

第四節　形意三體學

三體者。天地人三才之象也。在拳中爲頭手足是也。三體又各分爲三

節。腰爲根節（在外爲腰在內爲丹田）脊背爲中節。（在外爲脊背在內爲心）頭爲梢節。（在外爲頭在內爲泥丸）肩爲根節肘爲中節。手爲梢節。胯爲根節。膝爲中節足爲梢節。三節之中各有三節也此理乃合於洛書之九數。丹書云。道自虛無生一氣。便從一氣產陰陽。陰陽再合成三體。三體重生萬物張。此之謂也。所謂虛無一氣者。乃天地之根。陰陽之宗。萬物之祖。即金丹是也。亦即形意中拳之內勁也。世人不知形意拳中之內勁爲何物。皆於一身有形有象處猜想。或以爲心中努力。或以爲腹內運氣。如此等類。不可枚舉。

第四節　三體圖

皆是抛磚弄瓦。以假混眞。故練拳者如牛毛。成道者如麟角。學者不可不深察也。以後演習操練。萬法皆出於三體式。此式乃入道之門。形意拳中之總機關也。

第五節　形意演習之要義

形意拳演習之要。一要塌腰。二要縮肩。三要扣胸。四要頂。五要提。六橫順要知清。七起鑽落翻要分明。塌腰者尾閭上提。陽氣上升督脈之理也。縮肩者。兩肩向回抽勁也。扣胸者開胸順氣。陰氣下降任脈之理也。頂者頭頂舌頂手頂是也。提者穀道內提也。橫者起也。順者落也。起者鑽也。落者翻也。起爲鑽。落爲翻。起爲橫。落爲順。起爲橫之始。鑽爲橫之終。落爲順之始。翻爲順之終。頭頂而鑽。頭縮而翻。手起而鑽。手落而翻。足起而鑽。足落而翻。腰起而鑽。腰落而翻。起橫不見橫。落順不見順。起是去。落是打。起亦打。落亦打。打起落。如水之翻浪。是起落也。勿論如何起落鑽翻往來。總要肘不離脇。手不離心。此謂形意拳之要義是也。知此則形意拳之要道得矣。

第一章　形意劈拳學

劈拳者。（屬金）是一氣之起落也。前四節三體重生萬物張。三體總是陰陽相合。陰陽相合。總是上下內外合爲一氣。故其形象太極是三體合一。是氣之靜也。氣以動而生物。其名爲橫。橫屬土。土生萬物。故內包四德。按其五形循環之數。是土生金也。故先練習劈拳。劈拳者。是氣之起落。上下運用之。有劈物之意。故於五行之理屬金。其形象斧。在腹內則屬肺。在拳中即爲劈。其勁順則肺氣和。其勁謬。則肺氣乖。夫人以氣爲主。氣和則體壯。氣乖則體弱。體弱即必病生。而拳亦必不通矣。故學者。不可不先務也。

第一節　劈拳起點式

起點時。先將左手往下直落。到丹田氣海處。（俗名小腹）再由臍往上鑽到口。

三體圖

第一節

劈拳圖

手如同托下頦狀。再與左足一齊往前起鑽。手心朝上握拳往前鑽。與足相齊。高不過眼。低不過口。左足往前墊步時。遠近隨乎人之高矮。只要身體前走不費力。爲至善處。落時左足尖往外扭。扭至九十度爲至善處。如圖是也。此時膽要內開。右手從右邊拉到右脇。手心朝上握拳靠住。

第二節　劈拳換掌式

再出時與右足齊去。右手出時。隨出隨翻。到前手時。右手心朝下右手中指於左手食指根上出手。徐徐拉開。右手往前推。左手往後拉。手足齊落。仍與三體合一之式相同。是展開四平前後梢也。再往前進。與左

第二節　劈拳圖

式相同。左右進退落起形式皆有行如槐虫。起如挑擔之意。回身看地之遠近勿拘。但勿論遠近。須出去左手左足時再回身。取天左旋之義。

身本右轉。因劈拳屬金。故取天左旋之義。

第三節　劈拳回身式

回身時。將左手左足一齊扭回。左足在後如圖形是也。左手挽回在左脇心口邊靠住。右手與右足並身回向後來。右手右足出式。仍如同三體合一之式。左手左足起式鑽翻相同。左手左足出去。仍與往來練時左右出手起落相同。往來蹚子多寡。須自己隨便勿拘。若是

第三節劈拳圖

人數多者。或十數人。或數百人。以至千萬人。往來蹚子多寡。總按操練時預備的口令教習所教。爲定行止可也。

第四節　劈拳收式

收式時。走到原起點處。同身仍還於起點三體式爲止。惟右足要往前跟步。不可離前足太近。心沉沉穩住。提頂合口。鼻孔納息。仍如前。片時隨便休息。休息時。提頂出納亦如前。

第四節
劈拳圖

先賢云。休息時。眼不可低頭下看。要微微仰頭上看。只因眼上翻屬陽。眼下視屬陰故也。眼上翻能泄陰火。頭目自清。眼下視屬陰。

陰火上撞。目紅頭暈。此之謂也。
又云舌頂上腭。口內若生津液。務將嚥下腹內。以免喉內乾燥。後做此
學者謹記。

第二章　形意崩拳學

崩拳者。屬木是一氣之伸縮。兩手往來之理也。式如連珠箭。在腹內則屬肝。在拳中卽爲崩。所謂崩拳似箭屬木者是也。其拳順則肝氣舒。其拳謬則肝氣傷。肝氣傷則脾胃不和矣。其氣不舒。則橫拳亦必失和矣。此拳善能平氣舒肝。長精神。強筋骨。壯腦力。故學者當細研究也。

第一節　崩拳起點式

起點時。左右手同時將拳緊緊握好。如螺絲形。將胳膊伸直前左肘暗含著往下垂勁。後右肘往後拉勁。亦要往下垂勁。兩肩鬆開。兩眼往前看

左手食指中節。出右手時。左足極力往前進步。右手同時往前靠著脇與前拳上邊相離寸許。出手如箭直去。左手同時拉回緊緊靠住左脇心口邊。右足亦同時隨後緊跟。到前足後邊相離四五寸許爲度。起落

三體圖

第一節

崩拳圖

時左右手俱齊。勿論左右手在前高低。總要與心口相齊。

第二節　崩拳換手式

再起時。左足仍極力進步。左足仍在前。右足仍在後。緊跟相離四五寸許。

第二節　崩拳圖

與左式相同。左手起往前如右手直去。右手仍往後拉如左手。亦拉至右脇心口邊。此形有對待錯綜交互之義。手數多寡看地形之遠近。自便勿拘。然勿論地之遠近。總要出去右手停住。再回身。

第三節　崩拳回身式

回身時。將左足拘回。亦同九十度之式。如圖形是也。起時再將右手落下手心朝裏。順著身由臍往上鑽到口。亦如托下頦狀。回身右腿與右

第三節 崩拳圖

手同時往上起。高矮膝與肘相離二寸許。右足尖朝外。斜着極力往上仰。勿伸脚面。此時右手仍如劈拳式鑽出停住。右足極力往前進。落下亦如九十度之形式。左手同時與右足齊起齊落。右手同時往回拉至心口爲度。此時兩手五指張開。仍如劈拳相撕之意。左足同時跟隨在後邊。足尖相對右足外脛骨。足後根欠起寸許。兩腿如剪子股式。兩眼仍看前手大指根食指梢。此形是狸猫倒上樹之式也。

第四節 崩拳

再往同走時。右足先往前墊步。與劈拳勢步相同。兩手仍攥拳如前。右手與左足同時前進。仍如前。同身亦如前。（第四節崩拳圖見本章第一節圖）

第五節　崩拳收式

收式時。同到原起點處。仍同身狸猫倒上樹之式。再如前出去右手與左足停住。收時先將右足往後撤。同相離遠近。再撤左足之時不費力。爲至善處。足落仍如九十度之形式。左足亦往後撤。仍如剪子股式。左

第五節崩拳圖

手與左足往後撤時往前直出。右手亦同時往後拉至心口靠住。兩手皆拳。每逢剪子股式。左膝緊靠右腿裏曲膕內不可有縫。緊緊靠住用力亦不可。過與不及。此時兩眼仍看前手食指中節。食指中節仍與心口相平直兩肩兩胯裏根。抽勁仍如前頂提亦如前沉沉穩住。片時隨便休息。

第三章　形意鑽拳學

鑽拳者。(屬水)是一氣之曲曲流形。無微不至也。鑽上如水在地中忽然突出亦如泉水之上翻似閃。在腹內則屬腎。在拳中卽爲鑽。所謂鑽拳似閃屬水者是也。其氣和則腎足。其氣乖則腎虛。腎虛則清氣不能上升。濁氣不能下降矣。其拳不順。眞勁卽不能。長而拙勁亦不能化矣。學者當知之。

第一節　鑽拳起點式

起點時。兩手握拳。先將前足如劈拳式。往前墊步。遠近亦相同。出手時。前手心朝下。後手心朝上。左手往回拉至心口下臍上。大指裏根緊靠腹。右手出時。從左手背上出去。鑽出之手高不過眉。手心仍朝裏對自己眼睛。手離眼尺餘停住。右足進步與右手同時齊去。極力前進。兩足

二體圖

第一節
鑽拳圖

相離遠近。亦與拳劈步相同。手足起落仍要齊。兩肩兩胯抽勁。仍與前三體式同。腰塌勁亦然。惟眼上翻看食指中節。

第二節　鑽拳換手式

第二節　鑽拳圖

再起。右拳手腕往外扭勁。手心朝下。左拳手腕往裏扭勁。手心朝上。右足墊步。兩手兩足起落進步仍與左式相同。勿差分毫。手數多寡。仍看地形遠近自便然。勿論遠近。亦總須出去左手時再回身。

第三節　鑽拳回身式

同式時。左足拘回。（進足往裏勾足後根極力往外扭勁爲要）左手同時將拳扣回至口處。手心朝下。手腕往外扭勁停住。右拳手腕往裏扭勁。扭至手心朝上。如劈拳鑽出兩手仍如前法起落。右足同時與右手齊起齊落。仍如左右陰陽相摩之形式。

第三節 鑽拳圖

第四節　鑽拳收式

收式時。走到原起點處。左手左足在前停住。回身手足起落與右式相同。頭頂塌腰之勁亦然。收時左足極力進步與前無異。惟右足緊跟在

後。亦如劈拳收式跟步相同。穩住片時休息如前。（第四節鑽拳圖見本章第二節圖）

第四章　形意炮拳學

炮拳者。（屬火）是一氣之開合。如炮忽然炸裂。其彈突出。其性最烈。其形最猛。在腹內則屬心。在拳中卽爲炮。所謂炮拳似炮屬火者是也。其氣和則心中虛靈。其氣乖則心中朦昧。其人必愚矣。其拳和則身體舒暢。其拳謬則四體失和矣。學者務深究此拳也。

第一節　炮拳起點式

起點時。身子勿移動。右手靠著身子先推出。與左手合成一氣。再與左足以並極力往前出。惟左右手徐徐往下斜著伸去。右足隨後起。與左脛骨高相齊。進至足左裏脛骨時勿落。兩手一氣。一齊握拳。拉回提至小腹左右靠住。兩手心皆朝上。左足與兩手同時提起。右足亦同時落地。左足提起時。緊緊靠住右足裏脛骨。身子仍如陰陽相合之式。腰要極力塌勁穩住。

三體圖

第一節
炮拳圖

第二節　炮拳進步式

進步時。左手順著身子往上鑽。肘往下垂勁。拳鑽至頭正額處。右手同時起至心口邊處。此時左手拳外腕。極力往外扭勁。至手心朝外。手背緊靠正額。右手同左手翻時。由心口直出。與崩拳相同。左足極力一齊與右手往前進步。右足隨後跟。相離遠近。亦與崩拳步相同。（左足在前右足在後）（右手在前左手在上正額處）亦是錯綜之義。兩眼看前手食指中節。前拳高低。仍與心口平。手足起落鑽翻進步。總要齊整爲佳。兩肩均鬆開抽勁。取其虛中之義也。

第二節 炮拳圖

第三節 炮拳換手式

換式。先將兩手腕。均朝裏扭勁。往小腹處落下。手心朝上。緊緊靠住。兩肘亦靠住兩脅。左足亦同時往前墊步。足要直出停住。再起右足靠著左足脛骨往右邊斜著進步。與左式相同。右手順著身子鑽上去到頭正額處。手腕向外扭勁。手心朝外。手背靠著正額。肘要垂著勁。翻手。左手同時到心口邊出去。與右足齊出。左足跟步。亦與左式相同。肩抽勁仍如前式。手數多寡自便。勿論手數多少。出去左手右足再同式。

第三節

炮拳圖

第四節　炮拳回身式

回式時。兩手仍如前落在小腹處。右足極力回勾。與手同時起。身子向左轉。左足提起。靠住右足裏脛骨。仍然如前。左足極力斜著進步。右足隨後跟步如前。右手出去仍如前。左手上鑽翻扭勁亦如前。（第四節炮拳圖見本章第一節圖）

第五節　砲拳收式

收式時。到原起點處。仍然左手與右足在前。身子仍向左轉。手足仍如前法同身相同。右手左足出去穩住。不可慌。少停片時休息。（第五節炮拳圖見本章第二節圖）

第五章　形意橫拳學

橫拳者。屬土是一氣之團聚也。在腹內則屬脾。在拳中即爲橫。其形圓。是以性實。其氣順則脾胃和緩。其氣乖則脾虛胃弱。而五臟必失和矣。其拳順則內五行和而百物生。其拳謬則內氣必努力矣。內氣努則失中。

失中則四體百骸無所措施。諸式亦無形矣。其氣要圓。其勁要和。萬物土中生。所謂橫拳似彈屬土者是也。先哲云。在理則爲信。在人則爲脾。在拳則屬橫。

人而無信。百事不成。人傷其脾。則五臟失調。橫拳不和。百式無形。此言形名雖殊。其理則一也。橫拳者乃形意之要著也。學者不可不愼詳之。

第一節　橫拳起點式

起點時。兩手一齊握拳。左拳手心朝上。右拳手心朝下。出手時。將右手背往左肘下出去。向左手背。此時左手停住勁。不可移動。俟出左足時。右手與左足相錯綜著斜出。右足隨後跟步在後。兩足相離遠近。如砲拳跟步相同。進步時兩手擰住勁。右手腕向裏翻。翻至手心朝上。連翻帶擰直往前鑽到極處爲度。不可有曲勁。左手腕向外擰勁至手心朝下。手背向上。同時向後拉至右肘停住。兩手分開時。如同兩手撕緜不開之意。兩肩均合住抽勁。如同扣胸之狀暗含著抽。可莫顯露著抽心不可使努力。要自然爲妙。此時兩眼看右手心。兩胳膊如同太極圖陰陽魚半面之形。前手高低與前胸平。

三體圖

第一節

橫拳圖

第二節 橫拳換手式

換式時。先將左足往前墊步。再往右邊斜著進步。仍與砲拳步相同。惟兩手如左式將右手停住勁。左手再從右肘下邊。手背朝上。往前奔右手背。左手腕朝裏擰勁直往前鑽。連鑽代擰勁。直鑽到極處。手心朝上停住。右手腕朝外擰勁。連擰帶往後拉。拉至左手背朝上停住。兩手分

第二節

橫拳圖

開時。亦如同左式撕絲之意。兩胳膊仍如太極圖陰陽魚半面之形。手足仍錯綜著。抽勁仍如前。眼看亦仍如前式。手數多寡。仍自便。勿論遠近。出去左手右足。再回式。

第三節　橫拳囘身式

第三節橫拳圖

囘式時。先將右足。極力往裏勾。囘足後根極力往外扭勁。左手停住勁。囘身向左轉。右手背朝上。仍從左肘下往前。左手背處出手。左足與右手同時進步斜着出去。兩手分開之勁。仍如前式。勿更易。

第四節　橫拳收式

收式時。走到原起點處。左手右足在前。囘身仍與前囘身式相同。囘過身時。右手左足在前。進步。跟步。仍如前式。停住。（第四節橫拳圖見本

章第一節圖）

第六章　五拳合一進退連環學

連環者。是五行合一之式也。五行分演而爲五行拳。（五綱之謂也）合演而爲七曜連珠。（連環之謂也）分合總是起鑽落翻陰陽動靜之作爲。勿論如何起鑽落翻。總是一氣之流行也。起落鑽翻亦是一氣流行之節也。中庸曰。喜怒哀樂之未發謂之中。發而皆中節謂之和。拳技亦云。起鑽落翻之未發謂之中。發而皆中節謂之和。中也者。形意拳之大本也。和也者。形意拳之達道也。五行合一。致其中和。則天地位萬物育矣。若知五行歸一和順。則天地之事。無不可推矣。

天爲大天。人爲一小天。天地陰陽相合能下雨。拳脚陰陽相合能成其一體。皆爲陰陽之氣也。內五行要動。外五行要隨。靜爲本體。動爲作用。

若言其靜。未漏其機。若言其動。未見其跡。動靜正發而未發之間。謂之動靜之機也。先哲云。知機者其神乎。故學者當深研究此三體相連。二五合一之機也。

第一節　連環拳起點崩拳式

起點時。兩手攥上拳。進步與崩拳同式。如行軍直陣形之理。

三體圖

第一節

連環崩拳圖

第二節　連環拳青龍出水

第二節　青龍出水圖

退步與崩拳收式時剪子股式同。如行軍出左翼。謂之青龍出水。

第三節　連環拳黑虎出洞

再換式爲黑虎出洞。出右手右足。右足出去要直。左足斜着隨後跟步。後左足裏脛骨須相對前右足脚後根。右手從右脅與心口平著直出。拳仍與崩拳相同。兩眼看右手食指中節。左手腕朝裏扭勁。手心朝上。與右手同時往後拉。拉至右脅停住。兩手出拉之時。總是兩肩裏根均往回抽勁。進步之時。兩胯裏根亦均往回抽勁。此式名黑虎出洞。與行單出右翼同理。

第三節 黑虎出洞圖

第四節　連環拳白鶴亮翅

白鶴亮翅。先將右手屈回在心口下邊。與左拳相對。兩手心緊靠腹。再將兩拳手腕向外扭勁。至兩手背向裏。一齊徐徐往上起。至頭正額上邊。再往前後如同一條線分開。到極處。兩拳如同畫成上半圓形。伸至兩拳前後相對。均與肩平停住。然後左足極力往後退步。兩拳一齊往下落。如同下半圓形落至小腹處。兩肘靠脅。左手張開。右手仍是拳手背落至左手掌中。手起時兩眼看兩拳。手落時兩眼看右手隨著下落。右足與兩手同時往回撤至左足處。右足仍直著。足後根緊靠左足裏脛骨。身體要三曲折形。惟腰極力塌下勁。兩肩兩胯均如前抽勁。頭仍頂住勁。身要穩住。兩眼再往前看。此謂如行軍陣圖兩翼翕張之式。故名白鶴亮翅。

第四節 白鶴亮翅圖

第五節　連環拳炮拳式

再變爲炮拳。將右手往上鑽。鑽至頭正額。手腕向外扭勁。手背仍靠正額處。左手亦同時鑽至心口直往前出。右足亦同時往前進步。左足亦隨後緊跟步。停住。與單習炮拳相同。惟此式直往前進步。不斜著進步。此謂兩翼合一直進。名爲銳形。故名曰砲拳。

第五節　連環炮拳圖

第六節　連環拳劈拳式

再變爲劈拳。左手往下落似半圓形。如劈拳劈物形式。落至小腹處。左足極力往後退步要直著。左手心朝裏順著身子往上直鑽至心口。右手再直往前往下劈去。伸到極處。左手從嘴往前劈去。此時右手從左手下邊拉回。兩手仍似劈拳撕法撕開。右手拉至右脅停住。右足亦同時退至左足後邊。相離遠近與劈拳式相同。兩眼看左手大指根食指梢。兩肩兩胯均鬆開抽住勁。此時身子陰陽相合之式。腹內如同空洞相似爲妙。此式取金方之義。故名劈拳式。

第六節

連環劈拳圖

第七節　連環拳包裹式

變爲包裹式。亦名爲橫拳。兩手皆先將中指無名指小指。極力一齊捲回。兩手大指食指。均皆伸直兩手心均暗含與兩肩相合著抽勁。不可顯露。再將左手往下落至小腹處。手腕向裏裹。左肘緊靠左脅。手往上鑽至口處。手腕再向外扭勁。斜往前擰著勁出手。到極處手心朝下。雖然胳膊斜出。總是於心口出去之意相同。左手朝裏裹時。左足同時回至右足脛骨前邊。足尖著地。足後根欠起。再一齊同左手出去仍回原處。左足似落未落之時。右手從右脇手腕朝裏裹勁。從心口至嘴往前鑽出。到極處手心朝上。食指伸著與嘴相對又平著。左手俟右手出時。即往回拉。拉至左脇仍手心朝下停住。右足同時隨後跟步。此式亦錯綜著。身子三折式形。小腹放在左腿根上爲度。此名爲包裹之式。亦名圓形屬土。

第七節 包裹圖

第八節　連環拳狸猫上樹式

換爲狸貓上樹之式。先將左足往前墊步。再起左手右足。一齊極力前進。右手同時拉回至心口右邊。左足亦同時隨後緊跟步。兩腿仍剪子股式。兩手皆張開兩肩兩胯均齊抽勁。不可有一絲錯不齊。使內氣不得中和。醜態百出。拙氣盡生。人雖有勇敢之心。亦不能有所得也。學者愼之。此謂狸貓上樹之式。如陣圖爪牙之形。又剪子股式。如擒拿是也。

第八節 狸貓上樹圖

第九節　連環拳崩拳式

變崩拳式。先墊右足再極力進左足出右手。左手拉回至心口左邊。右足隨後緊跟步。手足用勁與兩足相離遠近。仍與崩拳相同。不可相差分毫。停住再回身。此謂直形。亦追風趕月不放鬆之謂也。

第九節

連環崩拳圖

第十節　連環拳回身式

回身爲狸貓倒上樹之式。仍與崩拳回身剪子股式相同。停住。此式如同行軍敗中取勝之式。故名爲狸貓倒上樹。

第十節

狸貓倒上樹圖

第十一節　連環拳回演

回演仍墊右足。進左足。出右手左手拉回。右足隨後跟步形式用勁。仍與第一節至第十節各式相同。

第十二節　連環拳收式

收式。仍與崩拳收式相同。

第七章　五拳生尅五行炮學

前七曜連珠者。是五鋼合一演習而成連環。是陰陽五行演成合一之體也。此謂五行生尅變化分布之用也。又謂之五行炮拳。前者五行單習。是謂格物修身。而後者五行拳合一演習。是謂連環。爲齊家。有克明德之理。此謂家齊。是五行拳各得其當然理之所用。而又謂明德之至善也。先哲云。爲金形。止於劈。爲木形。止於崩。爲水形。止於鑽。爲火形。止於炮。爲土形。止於橫。五行各用其所當。於是乃有明德之至善之謂也。故名五行拳生尅變化之道也。

第一節　五行生尅拳

第一節

預備甲乙二人。合演對舞。起點時。二人分上下手。均站三體式。甲上手。乙下手。乙先進步用右手打崩拳。甲用左手扣乙的右拳。兩足亦同時向後撤步。左足仍在前。右手仍在右脇。

第二節　五行生尅拳

第二節　甲　乙

乙再進步用左手。仍打崩拳。甲再將左足尖。向外斜橫著墊步。左手起鑽。仍與劈拳相同。鑽至乙的左手外邊。手心向裏停住。右手急速從右脇。向着自己的左手出去。再。向乙的頭肩劈下去。右足亦與右手同時進至乙的左足外後邊落下。是劈拳能破崩拳。謂之金尅木也。

第三節　五行生尅拳

乙再將左拳往上鑽翻（是手腕向外翻也）右手速向甲的心口打去。兩足不動。是謂炮拳。所以崩拳屬木。炮拳似炮屬火。木能生火。崩拳能變炮拳。炮拳屬火。火尅金。所以炮拳能破劈拳也。

第三節

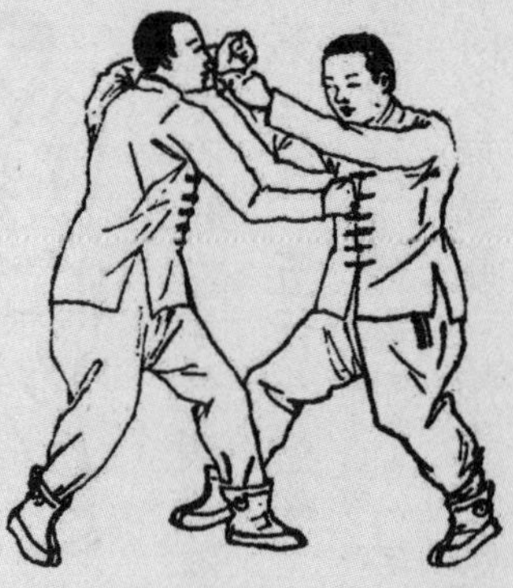

第四節　五行生尅拳

甲再將右足提起抽回。至左足前面。足尖向外斜橫著墊步。左拳往下落向裏裹勁。肘靠脇壓住乙的右手。即速將自己的右手抽回右脇。再將左足向前進步至乙的右足裏邊。右拳手心向上。順著自己身子。肘靠着脇。與左足同時向着乙的左手裏邊下頦鑽去。兩眼看乙的眼。俟其變動。此謂鑽拳能破炮拳。劈拳屬金。鑽拳屬水。是金生水。劈拳能變鑽拳。水尅火。所以鑽拳能破炮拳也。

第四節

第五節　五行生尅拳

乙再將右拳抽回右脇。左手同時斜着勁。向着甲的右肘上胳膊推去。謂之取甲的斜勁。兩足不動。是謂橫拳能破鑽拳。炮屬火。橫屬土。火生土。是炮拳能變橫拳。土尅水。所以橫拳能破鑽拳也。

第五節
甲　乙

第六節　五行生尅拳

甲再將右手抽回。左手同時對乙的心口打去。兩足不動。是謂崩拳。鑽拳屬水。崩拳屬木。水生木。是鑽拳能變崩拳。木尅土。所以崩拳能破橫拳也。

第六節

第七節　五行生尅拳

乙卽將右手。扣甲的左拳。乙再將左手左足。撤囘至右足後邊。如劈拳形式。

第七圖　甲　乙

第八節　五行生尅拳

甲再進步打右手崩拳。

第八節

附第九圖

第九節　五行生尅拳

乙再將左手。扣甲的右拳。乙的右拳右足。如前式撤回。

第十節　五行生尅拳

甲再進步打左手崩拳。

第十節
附第十一圖
甲 乙

第十一節　五行生尅拳

乙卽將左手。如單打劈拳式。從小腹處鑽出在甲的左手外邊。手心朝上。再出右手進右足。劈法進法。各項的勁。與甲第一式相同。此式亦劈拳破崩拳。謂之金尅木也。

第十二節　五行生尅拳

再演甲爲乙的前式。乙爲甲的前式。來往循環。直如一氣之伸縮往來之理。若得此拳之意味。眞有妙不可言處。先哲云太極之眞。二五之精。亦是此拳之意義也。上卷終

下編形意天地化生十二形學

天以陰陽五行。化生萬物。氣以成形。而理即敷焉。乾道成男。坤道成女。而人道生焉。天爲大天。人爲小天。拳脚陰陽相合。五行和化。而形意拳出焉。氣無二氣。理無二理。然物得氣之偏。故其理亦偏。人得氣之全。故其理亦全。物得其偏。然皆能率夫天之所賦之性。而能一生隨時起止。止於完成之地。至於人。則全受天地之氣。全得天地之理。今守一理。而不能格致萬物之理。以自全其性命。豈非人之罪哉。況物能跳舞。效法於人。人爲萬物之靈。反不能格致萬物之理。以全其生。是則人而不如物矣。豈不愧哉。今人若能於十二形拳中潛心玩索。以思其理。身體力行。知行合一。不惟能進於德。且身體之生發。亦可以日強矣。學者胡不於十二形拳中。勉力而行之哉。

十二形者。是天地所生之物也。爲龍虎猴馬鼉鷄鷂燕蛇鮐鷹熊是也。諸物皆受天地之氣而成形。具有天理存焉。此十二形者。可以該括萬形之理。故十二形爲形意拳之目。又爲萬形之綱也。所以習十二形拳者。可以求全天地萬物之理也。

第一章　龍形學

龍形者。有降龍之式。有伏龍登天之形。而又有搜骨之法。龍者眞陰物也。（龍本屬陽在拳則屬陰）在腹內而謂心火下降。丹書云。龍向火中出是也。又爲雲。雲從龍。在拳中而謂龍形。此形式之勁。起於承漿之穴。（即唇下陷坑處又名任脈起處）與虎形之氣輪迴相接。二形一前一後。一升一降是也。其拳順則心火下降。其拳謬。則身必被陰火焚燒矣。身體必無活潑之理。而心竅亦必不開矣。故學者。深心格致。久則身體活潑之理。自然明矣。

第一節　龍形起點式

起點三體式。先將左足尖向外扭。斜橫著朝前墊步。足心欠起。右足扭直。足尖著地。足後根欠起。兩手如劈拳。右手出去。左手抽回。兩胯裏根鬆開勁。身子伏下。小腹全放在左腿上。如龍下潛之意。兩眼仍看前手

三體圖

第一節
龍形圖

食指。手仍與心口平。腰仍然塌勁。兩肩鬆開。抽勁仍如前法式。穩住再換。

第二節 龍形換式

換式。將右手如劈拳摟回鑽出。左手出去。兩手仍如劈拳。惟兩腿調換。

第二節

龍形圖

左腿抽至後邊。如右足式。右腿進至前邊。如左足式。兩腿抽換之時。與兩手同時起。如飛龍升天之意。落下四梢具要齊。抽換之時身子不可往上起。頭要暗含著頂勁。身子總有上起之形。乃隨著意而起也。穩住再換式。

第三節　龍形再換式

再換式。兩手起落。兩腿抽換。兩肩兩胯鬆開抽勁。仍然如前。惟換式鑽手之時。眼跟著手往上看。下頦往前伸。又往上兜勁。取任脈起於承漿之意也。數之多寡自便。（第三節龍形圖見本章第一節圖）

第四節　龍形收式

收式。仍還於左式。右手左足在前。穩住。再將右手抽回。左手出去。仍還三體式休息。（第四節龍形圖見本章第一節圖）

第二章　虎形學

虎形者。有伏虎離穴之式。而又有撲食之勇也。在腹內爲腎水清氣上升。丹書云。虎向水中升是也。又爲風。風從虎。在拳中而爲虎形。臂尾名書脈又名長強起落不見形。猛虎坐臥出洞中是也。其拳順。則清氣上升。而腦筋足矣。其拳逆。則濁氣不降。而諸脈亦不貫通矣。醫書云督脈爲百脈之原。督脈一通。諸脈皆通。即此意也。學者務格其虎形之至理。而得之於身心。以通諸竅。

第一節　虎形起點式

起點。仍是三體式。先將左手右手具往前稍往下斜着伸直。身子仍是陰陽相合着抽住勁。不可有移動。左足先墊步。再將右足極力前進。過去左足一二尺。不等落地。左足即提起。緊靠右足脛骨。兩手與左足亦同時摟回。提至小腹處。手心向上。握拳。兩肘緊緊靠脇。腰往下塌勁。摟提起落總以腰塌勁爲主。不然則身體不能輕矣。頂提身體相合。仍如前法穩住。此式無論遠近。束身一躍而去。並非縱跳也。

三體圖

第一節

虎形圖

第二節　虎形進步式

再出左足。斜着往前進步。右足隨後跟步與練炮拳相同。兩手順着身子鑽上至下頦處。往前連鑽帶翻兩手腕均向外扭勁向前

第二節

虎形圖

摸出。兩手虎口與心口平。兩肩向外開勁。又向後抽勁。左足直着。與手同時前進。右足跟步與練炮拳相同。兩眼看兩手當中穩住。

第三節　虎形換式

再進換右式。先將左足直著往前墊步。與炮拳墊步相同。兩手一齊與左足墊步之時。同時落至小腹處。與劈拳單手落法相同。此不過兩手齊落與足如一。兩眼再看右邊。遠近將眼正住。不仰不俯。譬如算學身爲股。地上爲勾。眼看處爲弦。是爲目的。此看法眼不能生浮火也。

第四節　虎形換式

再進。步法與炮拳相同。兩手如左式。摸出均皆相同。數之多寡隨便。無論多少。總以出去右式。右足在前停住。再回身。

第四節
虎形圖

第五節　虎形回身式

回身向左轉。扚右足進步與砲拳相同。兩手與扣右足時。一齊落在小腹處。兩手仍與左足同時撲出。再進仍與前式相同。（第五節虎形圖見本章第二節圖）

第六節　虎形收式

收式仍出去右式。（右足在前）停住。回轉進步。兩手撲出。亦仍與回身之式相同。同過身時穩住片時休息。

第三章　猴形學

猴形者。物之最精最巧者也。有縮力之法。又有蹤山之能。在腹內則爲心源。在拳中謂之猴形。其拳順。則心神定靜。而形色亦能純正。其拳謬。則心神搖亂。而形色亦即不和。手足亦必失宜矣。孟子云。根心生色現於面。盎於背。施於四體。亦此氣之謂也。此形之技能。人固有所不能及。然格致此技之理。而身體力行之。不惟能收其放心。且能輕便身軀也。學者於此形切不可忽焉。

第一節　猴形掛印式

預備起點三體式。穩住。再將左足抬起。走往右邊。墊步極力向外扭勁。左手落至小腹處。與劈拳相同鑽出。身子隨着左足向左轉。右足極力進步至左足前邊。足尖向裏扣勁落下。此時身子面向。或西南。或東北。總看是從何方起點。若是從北方起點。此式面向東北矣。再將左足。與左手同時撤至右足後邊。右手再與左手上邊出去。此式與劈拳相同。

三體圖

第一節

左式猴形掛印圖(一)

第二節　猴形扨繩式

再將左足極力往後墊步。右足踏着地拉至左足處。足尖着地。足根欠起。足後根對著左足脛骨。身子三折形。如圖是也。右手拉至小腹處。肘

第二節

左式猴形扨繩圖（二）

緊靠住脇。左手出至口前。二三寸許。手背朝上。兩手如同鷹捉形式。五指具張開。肘靠脇。兩胯裏根與臀尾極力往後縮。頭可往前又往上頂住勁穩住。

第三節　猴形跁竿式

再將右足極力往前墊步。左手伸直再進右手。左足同時並出。拉回左手至心口左邊停住。再出左手同時並將右腿極力上抬。大腿根與小腹相挨。足尖極力上仰。微停。再出右手落右足。左手又拉回。起手落足。同拉手要齊正。此式與劈拳相同。穩住再換式。

第三節

左式猴形把竿圖（三）

第四節　猴形掛印式

換式。再將右足極力往外扭勁。右手亦如左式落在小腹處。往上鑽出。身體隨着右足右轉。左足極力往右足前進步。又極力往裏扣足。此時身子面向西北矣。再出左手劈拳式仍如左式。往後縮力又往前進步。出手抬足同拉手。無不與左式相同。數之多寡自便。同式無論左式右式隨便同式。勿拘。

第四節

右式猴形掛印圖（一）

第四節

右式猴形切繩圖（二）

第五節　猴形回式

第四節

右式猴形爬竿圖（三）

回式時。譬如面向西北。左手左足身向左轉。面向西南。出手起落仍與左右式練法相同。

第六節　猴形收式

收式。仍還於原起點處。亦仍與左右式練法相同。穩住片時休息。

第四章　馬形學

馬形者。獸之最義者也。有疾蹄之功。又有垂韁之義。在腹內則爲意。出於心源。在拳中而爲馬形。其拳順。則意定理虛。其拳謬。則意妄氣努。而手足亦不靈矣。先哲云意誠而后心正。心正則理直。理直則拳中之勁。亦必無妄發矣。學者於此馬形。尤須加意。

第一節　馬形起點式

預備起點三體式。將右足往前墊步。足落地如九十度之形式。將左右手捲上拳。兩手腕朝裏裹勁。手心向上。兩肩鬆開抽勁。左胳膊不可回來。

三體圖

第一節

左式馬形圖

仍挺住勁。再將右手。向左手背下出去。此時兩手心仍向上着。兩手分開之時。右手向前推勁。左手向後拉勁。至心口前停住。兩手腕皆向外扭勁。扭至手背皆向上。兩拳相對。右足與右手。同時極力向前進步。左足隨後微跟步。不可離前足太近。兩眼看前手食指根節。兩胳膊如太極魚形式。兩肘平抬起。如圖是也。兩肩均向外鬆開抽勁。穩住。

第二節　馬形換式

第二節
右式馬形圖

再出式。裹手墊步。出手。兩手相對。兩肩抽勁。兩眼看處。均與左式相同。數之多寡自便。無論數之多寡。總出左手再回式。

第三節　馬形回式

回式。身子隨著右手向右轉。兩手兩足。均與劈拳相同。再出手。與左右式。均皆相同。

第四節　馬形收式

收式。仍至起點處同式。打出右式。停住片時。休息。

第五章　鼉形學

鼉形者。水族中之身體最靈者也。此形有浮水之能。在腹內則爲腎。而能消散心火。又能化積聚。消飲食。在拳中則爲鼉形。其形能活潑周身之筋絡。又能化身體之拙氣拙力。其拳順則筋骨弱者。能轉而爲強。柔者。能轉而爲剛。筋縮者易之以長。筋弛者易之以和。則謂順天者存也。其拳謬。則手足肩胯之勁必拘束矣。拘束則身體亦必不輕靈。不活潑矣。不活潑。即欲如鼉之能與水相合一氣而浮於水面難矣。

第一節　鼉形起點左裹式

預備起點三體式。將左手裹在下頦處。手心朝上。肘緊靠脇。左足與左手同時同至右足脛骨前面。(第一節鼉形圖見連環第七節左手包

裹圖）

三體圖

第二節　鼉形左裹式

第二節

左式鼉形圖

再將左手。從口斜着與左足並出。與連環包裹相同。手足似落未落之時。即出右手。

第三節　鼉形右裹式

再將右手。從右脇裹著勁鑽出至口。肘靠着脇。從口前鑽出去尺許。手心仍朝上亦與連環練包裹右手相同。右足同時與右手。起至左足脛骨處。似靠未靠之意。不可落地。（第三節鼉形圖見連環第七節右手包裹圖）

第四節　鼉形換式

第四節

右式鼉形圖

再將右手右足。向前斜著連翻帶橫出去。與左式相同。

第五節　鼉形再換式

再出左手足仍與右式相同。兩眼看所翻之左右手之食指。雖然兩手之分合。總如一氣連環不斷之意。又兩手兩足分合。總是與腰合成一氣。又如萬派出於一源之意也。數之多寡自便。

第六節　鼉形回式

回式。橫出右手右足之時。右足不落。卽速極力回扣。身子隨着左手向左轉。裏手仍向斜着出去。左手右足隨後跟著。亦仍如左右式練習相同。

第七節　鼉形收式

收式。仍如回式。裏鑽起落相同。穩住休息。

第六章　鷄形學

鷄形者。鷄於世最有益者也。能以司晨報曉。又有單腿獨立之能。抖翎之威。爭鬬之勇。故鷄形拳中之功夫。可謂甚大。在腹內而爲陰氣初動。又爲巽卦，在天爲風。在人爲氣。在拳中謂之鷄形。又能起足根之勁上升。又能收頭頂之氣下降。又能散其眞氣於四體之中。其拳順則上無腦筋不足之患。下無腿足疼痛之憂。其拳謬則腦筋不足。耳目不靈。手足亦麻木不仁矣。學者於此鷄形中。最當注意。

第一節　鷄形金鷄獨立式

預備起點三體式。先將右手從左手下出去。腰胯肩亦隨着右手去。右腿曲膝。足後根欠起。右手抽回。肘靠著脇。右足再往前進。至左足前。足高矮與左足脛骨相齊。不可落地。再將右手從左手上邊抽回來。左手亦與右手下邊出去。兩手具是掌。右足落時。左足同時提起。靠至右足

三體圖

第一節

金鷄獨立圖

脛骨處。兩足起落。皆與兩手均要齊一。腰亦同時塌勁爲謹要。此時兩胯兩肩俱陰陽相合著抽住勁。右腿要曲着。左手往前往下斜着推住勁。右手大指根在臍邊靠住。兩眼看左手大指根食指梢。身子如用繩束縛一般。穩住稍停。再往前進。

第二節　雞形後金雞獨立式

前進。兩手仍勿動。右肘靠着脇。左手極力推住。再將左足極力前進落地。右足亦再極力前進。步未落地之時。左足提起。仍靠右足脛骨。如前式穩住。此式步法與虎形第一步相同。惟兩手之式。左手仍推着勁。右手仍在臍邊不動。前後兩式。具金雞獨立之式。

第三節　雞形金雞食米式

第三節

金雞食米圖

將左手仍極力挺住勁。再將右手捲上拳向前出去。如崩拳形式。左足直著。與右手同時極力向前進步。惟左手不可回來。同時扣在右手腕上右足亦隨後緊跟至左足處。如崩拳跟步相同。兩眼看右手食指中節。兩肩向後抽勁。兩胯裏根亦然穩住。

第四節　雞形金雞抖翎前式

再將兩手抱在胸前。手心向裏。左手在裏邊。右手在外邊。離胸前二三寸許。兩肘往下垂勁。兩肩亦往下垂勁。又往外暗含著開勁。身子如同捆住勁一般。兩胳膊如十字形式。將右足撤回。兩腿如同騎馬式。兩足跟向外扭。不可顯扭。兩膝向裏扣勁。不可顯扣。

第四節

金鷄抖翎前圖

兩胯根向裏抽勁。亦向外開勁。亦不可顯露。

第五節　雞形金雞抖翎後式

兩手分開式。將右手順著面前正中往上鑽至正額處再翻。如炮拳翻手相同。左拳同時向下向後拉勁。至左脇後邊手心向後。如同劈拳拉手相同。兩足扭成順式如圖是也。身子隨着右胳膊扭勁。扭至心口與右膝並右足尖相對爲度。此時兩眼隨著右手看食指根節。兩肩齊向外開勁。

第五節

金鷄抖翎後圖

第六節　雞形金雞上架式

再將右手張開。手腕向裏扭勁。至手心朝裏。即靠著身子。向左胳膊下邊極力穿去。手腕緊靠著左脇。左手與右手同時緊靠身子。往右肩極力穿去。兩手如同用繩子將身捆住。二人兩頭相拉之力一般。兩肩往下垂勁。又須暗含往外開勁。身子陰陽相合著。三折形式。左足同時進至右足前。未落之時。右足即速抬起。與左足落地時。緊靠住左足脛骨。兩手相穿相抱。兩足起落。均要相齊如一。不可參差。腰極力塌住勁。兩眼順着左手往前看穩住。

第六節

金鷄上架圖

第七節　雞形金雞報曉式

再將右手極力從下邊。如同畫一圓形。往上挑去。高與頭頂齊。兩眼跟着右手看食指梢節。左手與右手同時。如劈拳式拉至左脇後邊。右足與右手同時極力往前進步。兩腿兩足形式與劈拳相同。兩肩前後順着開勁兩胯根亦前後順著開勁。此時身體如同一四方物。四面用繩子相拉。均一齊用力相爭一般。腹內空空洞洞如天氣之圓。身外如地形之方。此謂內圓外方之義也。

第七節

金鷄報曉圖

第八節　雞形劈拳式

將右手仍在上挺住勁。右足墊步。左手左足再出去。與練劈拳相同。惟右手不收回來不過左手出去略高些。

第九節　雞形劈拳式

再出手仍是劈拳。此形中有兩劈拳之式。劈出右手再換式。

第十節　雞形金雞獨立式

換式。右手再落再鑽。左手出去仍與劈拳無異。惟右足。倂右手鑽時。提回至左足處。右足落時。左足即提起。緊靠右足脛骨。兩手兩足起落。仍然齊一。此式仍還於起點之時。金雞獨立之式。穩住。

第十一節　雞形金雞食米式

再換。仍如金雞食米之式。數之多寡。循環自便。

第十二節　雞形收式

收式。仍還原起點處於練劈拳左手在前之時。仍若劈拳回身收式。穩佳片時休息。

第七章　鷂形學

鷂形者。有束翅之法。又有入林之能。又有翻身之巧。在腹內能收心藏氣。在拳中卽能束身縮體。其拳順則能收其先天之氣。入於丹田之中。又能束身而起。藏身而落。先哲云。如鳥之束翅頻頻而飛。亦此意也。其拳逆。則心努氣乖。而身亦被捆拘矣。學者若於此形勉力爲之。則身能如鳥之束翅。行之如流水一律蕩平矣。

第一節　鷂形鷂子束身式

預備起點三體式。兩手捲上拳。將右手心向上。往左手下邊出去。左手腕向裏裹勁。手心朝上。左足先極力直着往前墊步。右足亦極力進步。進至左足前一二尺。未落之時。卽將左足提起。緊靠右足脛骨。兩手起

三體圖

第一節

鷂子束身圖

鑽與兩右起落。均要齊一。此式之進步與虎形進第一步起落相同。停住。此式謂之鷂子束身式。

第二節　鷂形鷂子入林式

再進步。兩手換炮拳。右手往上鑽。翻。左手往前出。與炮拳皆相同。惟進左足。右足不動。此式謂之鷂子入林。又名順步炮拳穩住。

第二節

鷂子入林圖

第三節 鷂形鷂子鑽天式

第三節

鷂子鑽天圖

再進將右拳。向裏裹肘裹腕手心朝上。將左拳腕。亦向裏裹勁。手心向上。右手與肩平着向左手腕裏邊極力出去左

手如擺袖一般。擺至右手肘後邊。手心向下。左肘緊靠着心口。右足與右手同時弁進。手足上下相齊。此式與鑽拳左式略相同兩眼看食指中節。穩住。此式謂之鷂子鑽天。

第四節　鷂形鷂子翻身式

回式。將右手從眼前曲回在左肩處。右足與右手同時拘回足尖。左手在右肘下邊。靠着身子極力往下畫一半圓形。右手與左手同時分開。往後拉。拉至右脇後邊。左手畫至前邊。與右拳前後相對。如同托中平槍形式。左足俟右足拘回時。即提起與右足脛

第四節

鷂子翻身圖

骨相靠。隨後即與左手同時並出。身式足法與劈拳相同。惟身式低矮些。兩眼看前手食指中節。穩住。此式謂之鷂子翻身式。

第五節　鷂形鷂子束身式

再進步。仍如前鷂子束身式。以後仍如前循環不已。數之多寡自便。

第六節　鷂形收式

收式時還於原起點處。仍用鷂子翻身回身收式。穩住片時休息。

第八章　燕形學

燕形者。燕之最靈巧者也。有取水之精。在腹內即能採取腎水上升。與心火相交。易云。水火既濟。儒云。復其眞元。在拳中即能活動腰氣。又有躍身之靈。其拳順。則心竅開。精神足而腦筋亦因之而強。其拳謬。則腰發滯。身體重而氣亦隨之不通矣。學者於此。尤當加謹焉。

第一節　燕形

預備起點三體式。先將右手從左手下出去。再由額前拉回。兩手兩足身法爲金雞抖翎之式。仍將身扭至面朝後。將小腹放在右大腿上。停

三體圖

住。（第一節燕形圖見雞形第五節圖）

第二節　燕形燕子抄水式（一）

再將身扭向前來。扭時身子不可向傍邊回來。身子扭回時。仍要極力塌勁扭回來。如同書字藏鋒折筆。折回意思相同。身形雖有傍邊扭回

之形式而內中之氣意與勁。不可有偏向之心思。左手與身子合成一氣。向前直伸。手腕向裏扭。扭至手心朝上。與足相齊。右手亦與左手同時向後拉。拉至右脅後邊。停住。身子往回折形式。身要矮。兩眼看着左手食指。身子如同伏在地下一般。身子扭過來之時。將小腹放在左腿上。似停未停之時。再往前進步。此式謂之燕子抄水起之始。

第二節

燕子抄水始圖

第三節　燕形燕子抄水式(二)

再將右手往前進。向左手下邊。出手心向上。次將左手向裏翻在右手

孙禄堂形意拳学　第一一四页

下邊。手心向下。兩手腕如同十字形式。亦似停未停再換式。此式謂之燕子抄水起之中。

第三節

燕子抄水中圖

第四節　燕形燕子抄水式（三）

再將右手心扭向外。兩手一氣舉起。與肩相齊。兩眼進十字當中。右足極力向前進步。未落地時。即將左足提起。緊靠右足脛骨。兩手與右足落時。兩手如同畫上半圓形。向前後分開相對。均與肩齊。亦如白鶴亮翅展開相同。兩眼看前手。此式謂之燕子抄水起之末。始中末三式。即二三四式。總是要一氣習練。學者要知之。

第四節
燕子抄水末圖

第五節　燕形金雞食米式

再將右手往下落向前直着打出去。與金雞食米之式。手法相同。足法亦相同。

第六節　燕形劈拳式

再將左手左足。向前出去。右手向後拉。爲劈拳式。停住。

第七節　燕形回身式

回式。與劈拳回身相同。穩住。再進仍是金雞抖翎之式。以下仍如前循環不已。數之多寡自便停住。

第八節　燕形收式

收式時。還原起點處。仍是劈拳回身收式。穩住片時休息。

第九章　蛇形學

蛇形者。乃天地所賦之性。身體最玲瓏。最活潑者也。身形有撥草之能。二蛇相鬬。能泄露天之靈機。能曲能伸。能繞能蟠。在腹內卽爲腎中之陽。在易卽爲坎中之一也。在拳中謂之蛇形。能活動腰中之力。乃大易陰陽相摩之意也。又如易經方圖之中。震巽相接。十字當中求生活之謂也。其拳順則內中眞陽透於外。如同九重天。玲瓏相透。無有遮蔽。人之精神。如日月之光明矣。其拳謬。則陰氣所拘。拙勁所捆。身體不能活潑。心竅亦不能通靈矣。學者於蛇形中勉力而行。久之自能有得。如蛇之精神。靈巧奧妙。言之不盡。

第一節　蛇形起點式

三體圖

第一節

蛇形圖

預備起點三體式。將左足先往前墊步。次將右手心向上。往左脇下靠

着身子極力穿去。右肩如同穿在左胳膊下窩一般。又次將左手曲同在右肩上。手心向肩尖如同扣住一般。身子陰陽相合著伏下去。小腹放在左大腿根上。

第二節　蛇形前進式

第二節
蛇形圖

右足。再向左足脛骨處進步。不可落地。與右手同時極力斜着向右前方並出去。手心向裏側着隨後跟步如同虎形跟步法。左手亦同時拉回至左脇後邊停住。手心向下。兩手前後相對。兩肩向外開勁。兩胯根亦然。兩眼順着前手食指梢望前看。

第三節　蛇形換式

再進左式。與右式身法步法。均皆相同。數之多寡自便。

第三節　蛇形圖

第四節　蛇形回身式

回式出去右式再回。右手先由上曲回在左肩處。手法足法身法起落。均與鷂子翻身相同。惟是鷂子翻身是正式或南北。或東西。此式是斜角。再進仍與左式相同。

第四節 蛇形圖

第五節　蛇形收式

收式仍與同式相同。停住片時休息。

第十章　駘形學

駘形者。其性最直無他謬巧。此形有豎尾之能。上起可以超升下落兩掌搗物如射包頭之力。在腹內能輔佐肝肺之功。又能舒肝固氣在拳中謂之駘形。能以活肩。又能活足。其拳順。則肝舒氣固。人心虛靈。人心虛靈而人心化矣。又能實其腹。實其腹而道心生。其拳謬。則兩肩發拘不活。胸中不開。而氣亦必不通矣。學者於此形勉力而行。可以虛心實腹。而眞道乃得矣。

第一節　鮐形起點式

預備起點三體式。先將左足尖扭向外。身子面向正。將左手曲回。兩手捲上拳。手心向裏對在臍中處。靠着腹。

三體圖

第一節

鮐形圖

第二節　鮐形進步式

再將兩手。如白鶴亮翅左右分開落下。兩肘靠脇。兩拳左拳在左脇下。右拳在右脇下靠住。兩肩往下垂勁。右足與兩拳分開之時同時斜着往前進步。左足進至右足處提起。緊靠右足脛骨。腰塌勁。式微停。（第二節鮐形圖見虎形第一節一圖）

第三節　鮐形進步式

第三節鮐形圖

再將兩手。兩腕仍緊靠着脇。直往前出去。手心皆朝上。兩拳相離不過二三寸許。左足與兩拳。亦同時極力並出去。兩

肩往下垂勁。又往後抽勁。不可顯露抽。兩眼看兩拳當中。右足隨後跟步。如同虎撲子跟步相同。穩住再換式。

第四節　駘形換式

換式。先將左足往前墊步。足尖微向裏扣。兩拳仍如前式。相對在臍處。次分開白鶴亮翅。兩拳落下緊靠兩脇下邊。兩肩仍往下垂勁。右足進至左足脛骨處緊靠住。腰要往下塌勁。微停再進。

第四節駘形圖

第五節　駘形進步式

第五節

駘形圖

再進。將兩拳直出。與左足並進。兩眼看兩拳當中。仍與第三節式相同。以下倣此。

第六節　駘形回式

回式。仍出去右式。先將右足扚回身子向左轉。兩拳仍與左右式白鶴亮翅相同。左足提起。緊靠右足脛骨微停。再出手進足。仍與左右式出手相同。再進仍如前循環不已。

第七節　駘形收式

收式。仍與回式相同。停住片時休息。

第十一章　鷹形學

鷹形者。其性最狠最烈者也。有攫獲之精。又目能視微物。其形外陽而內陰。在腹內能起腎中之陽氣。升於腦。即丹書穿夾脊透三關。而生於泥丸之謂也。在拳中謂之鷹形。其拳順則眞精補還於腦。而眼睛光明矣。其拳謬則眞勁不能貫通於四肢。陰火上升。而頭眩暈。眼亦必發赤矣。學者練此形。便能復純陽之氣。其益實非淺鮮。

第一節　鷹形

預備起點三體式。起鑽落翻。身法步法。仍與劈拳相同。惟手似鷹捉拏之情形。劈拳似斧有劈物之情形。乃兩形之性情不同。此故謂之鷹形。

三體圖

第十二章　熊形學

熊形者。其性最遲鈍。其形最威嚴。有豎項之力。其物外陰而內陽。在腹內能接陰氣下降。還於丹田。在拳中卽謂熊形。能直頸項之力。又能復純陰之氣。能與鷹形之氣相接。上升而爲陽。下降而爲陰也。二形相合演之。謂之鷹熊鬬志。亦謂之陰陽相摩。雖然陰陽升降。其實亦不過一氣之伸縮也。學者須知前式龍虎單習謂之開。此二形並練謂之合。知此十二形開合之道。可與入德矣。

第一節　熊形起點式

預備起點三體式。先將左手如劈拳落下。摟回順着小腹鑽上去與眉齊。左足同時回在右足處。足後根對着右足脛骨。足尖點地。足後根欠起。腰往下塌勁。眼往上看手心。手往上鑽。項往上直豎。兩肩往下極力垂勁。此謂之熊有豎項之力。右手順著身子往上起。至左手處再往前往下如鷹捉物捉去。胳膊似曲似伸。左手與右手同時往後拉。如劈拳拉法相同。拉至左脇停住。左足與右手同時出去。右手出去在兩腿中間。右手與左足相齊。右足尖點地。足後根欠起。兩眼看右手大指根中指梢。膽合著勁。身子似鬆似捆。似開似合。穩住再換式。

三體圖

第一節
左式熊形圖（一）

第二節　熊形右換式

第一節
左式熊形圖（二）

換式將右手。落下鑽上亦如左式。右手往上鑽去。左足與右手同時往前墊步。再出左手右足。與左式相同。數之多寡

自便。回式出去左手右足再回式。

第二節

右式熊形圖（一）

第二節

右式熊形圖（二）

第三節　熊形回式

回式。將右足尖極力往裏抅。左手落鑽。與左足同時並起。身子向左轉。右手左足出去。與左右式練法手足均皆相同。

第四節　熊形收式

收式時。還於原起點處。仍與回式身法手足式樣均皆相同。穩住片時休息。此形謂之鷹熊鬭志。

第十三章　十二形全體合一學（即雜式捶）

雜式捶者。又名統一拳。是合五綱十二目統一之全體也。在腹內能使全體無虧。大學云克明峻德也。（此譬言似屬離奇然實地練習則知）在拳中則四體百骸內外之勁如一。純粹不雜。其拳順則內中之氣。獨能伸縮往來循環不窮。充周無間也。中庸曰鬼神之爲德其盛矣乎。（喻變化無方）其勁不見不聞。潔內華外。洋洋流動。上下四方無所不有。至此拳中之內勁。誠中形外而不可掩矣。學者於此用心習練。可以至無聲無臭之極端矣。先賢云。拳中若練到此時。是拳無拳。意無意。無意之中是眞意。此之謂也。

第一節　形意雜式捶束身式

預備起點三體式。次往前進步。是鷂子束身形式。停住。

三體圖

第一節 束身圖

第二節 雜式捶入林式

第二節 入林圖

往前進步。是鷂子入林之式。左拳在前。右拳在頭正額處穩住。

第三節　雜式捶退步劈拳式

將右手。從正額處。攞下至臍傍邊停住。肘靠脇。左手同時抽囘至左脇處。左足亦同時撤囘至右腿後邊。兩腿足形式。

第三節
左式退步劈拳圖

如劈拳形相同此形亦謂之退步劈拳式。

第四節　雜式捶退步劈拳式

先將左手。鑽至頭左額角處。手張開。再往下攞。亦攞至左脇處。在臍左邊停住。右足亦同時撤囘。至左足後邊。仍與左式退步劈拳形式相同。左右共練四式。停住。

第四節 右式退步劈拳圖

第五節 雜式捶烏龍倒取水式

第五節 烏龍倒取水圖

將右手。從脇往下往後。如同畫一圓形。從頭正額處。順着身子往下落。至肚臍處靠住。左手同時從左脇處。於右手外

邊。手心向裏往上鑽。至正額處齊平着。相離正額。二三寸許。再將右胳膊抬上去。手心向外。手背靠在正額處。左手順着身子落下。手心向上靠住臍處。身子面向正停住。此式謂之烏龍倒取水。

第六節　雜式捶單展翅式

將左足。極力往後撤。至右足後邊落下。右足隨着亦往後撤。撤至左足處。右足後根緊對左足脛骨。右手與右足。同時極力往下落至小腹處。

第六節
單展翅圖

肘與拳緊靠着脇腹。左拳仍在左脇不動。腰極力塌勁。右邊小腹放在大腿上。身子亦不可太彎。往下看時。只要鼻子

與足尖相齊爲度。身子陰陽相合着。肩胯抽勁仍如前法。兩眼看跟着右手看。停住再往前看。此式謂之鳳凰單展翅。

第七節　雜式捶蟄龍出現式

再前進。先進右足。極力往前進步左手與右足同時出去。左足亦隨後跟步。如崩拳跟法相同。身式高低亦與崩拳式

第七節

蟄龍出現圖

相同。停住再進。此式謂之蟄龍出現。

第八節　雜式捶黑虎出洞式

步法。身法出手。與連環黑虎出洞式相同。穩住再進。

第九節　雜式捶白鶴亮翅式

身法。手法。步法。與連環白鶴亮翅式相同。穩住再進。

第十節　雜式捶炮拳式

出手。身法與步法。均與砲拳式相同。穩住再進。

第十一節　雜式捶雙展翅式

兩手一齊落同在小腹處。右手捲拳手心向上。落在左手心中。兩肘緊靠脇。身子如同捆住一般。右足同時往同墊步。足尖仍向外斜着。兩眼往前看。此式謂之鳳凰雙展翅。停住再進。

第十一節　雙展翅圖

第十二節　雜式捶入林式

出手。身法。步法。仍與鷂子入林之式相同。穩住再退。

第十三節　雜式捶退步劈拳烏龍取水式

仍是倒劈拳同退。手法數目如前。退到頭。亦仍是烏龍倒取水之式。不可久停卽進。

第十四節　雜式捶燕子抄水式

將烏龍取水之式。右手過來。落下時。緊接就是燕子抄水之式。停住。（圖見燕形）

第十五節　雜式捶崩拳式

再進步。爲崩拳。手法步法。與連環第一式。第一手相同。

第十六節　雜式捶青龍出水式

再退步出手。身法。步法。與連環青龍出水式相同。

第十七節　雜式捶黑虎出洞式

再進步。仍是黑虎出洞之式。穩住換式。

第十八節　雜式捶白鶴亮翅式

再變式。仍是白鶴亮翅之式。穩住再進。

第十九節　雜式捶炮拳式

再進。仍是砲拳之式。穩住再換。

第二十節　雜式捶雙展翅式

再換。仍是鳳凰雙展翅之式。穩住。

第二十一節　雜式捶入林式

再進。仍是鷂子入林之式。穩住再退。

第二十二節　雜式捶退步劈拳烏龍倒取水式

再回退。仍是退步劈拳。退到頭。仍是烏龍倒取水之式停住。

第二十三節　雜式捶青龍探爪式

第二十三節

青龍探爪圖

換式。將右手從正額處五指張開往前極力伸去。與眼相平着。兩足不動。兩肩平着鬆開抽勁。微停住式再出左手。此式謂之青龍探爪。

第二十四節　雜式捶鷹捉式

換式。將左手從心口處。望着右手上邊出去。右手抽回右脇。兩足仍是

第二十四節

鷹捉圖

原式不動。兩手伸去抽回。與鷹捉相同。此式亦謂之鷹捉。

第二十五節　雜式捶裹手式

再換式。將左手。如連環包裹裹回。右手仍在右脇不動。微停。此式亦謂之裹手。

第二十六節　雜式捶推窗望月式

換式。將左手腕向外擰勁。斜着往外往上伸去。左足亦與左手同時出去。身式要往下縮力。又要矮。兩腿與騎馬牆相同。左肩裏根極力鬆開

第二十六節
推窗望月圖

第二十七節
三盤落地圖

抽勁。兩眼看左手大二指中間。右手仍在右脅下不動。此式謂之推窗望月。停住。

第二十七節 雜式捶三盤落地式

換式。將左手屈同落下。與大腿根相平。相離二三寸許。手腕極力往外扭勁。胳膊如半圓形。右手亦與左手同時落下手腕向外扭勁。兩手相同。兩腿仍是騎馬襠式不動。兩眼往左往前看。兩肩鬆開往外開勁。又往回抽勁。腰往下塌勁。此式謂之三盤落地。

第二十八節　雜式懶龍臥道式

再進先將左手。向前極力撐着勁出去。與心口平。將手捲上拳。手腕朝裹擰勁。手心向上。又將手如包裹勁。裹回手至心口處。胳膊緊靠脇。右手極力同時與左手裹回來時。從左手腕上邊出去。手心向上。左手心翻向下。右足亦與右手同時出去。兩腿與龍形步法相同。兩眼順著右手往前看。兩肩極力往下垂勁。又往外開勁。微

第二十八節
懶龍臥道圖

停。此式謂之懶龍臥道。

第二十九節　雜式捶烏龍翻江式

再進步。先將左腿往前進步落下。與鷂子入林步法相同。左手於右手下邊出去。右手拉回。可與左腿出去同時拉回兩手與橫拳相同。兩眼看前手。停住。此式謂之烏龍翻江。

第二十九節
烏龍翻江圖

第三十節　雜式捶崩拳式

再進。先進右手。與崩拳相同。兩足不動。停住。

第三十節
崩拳圖

第三十一節 雜式捶龍虎相交式

第三十一節
龍虎相交圖

再右足極力提起。往前蹬去。如畫半圓形式。與心口相平爲度。左手與右足同時出去。與右足相齊。此式謂之龍虎相

交。停住。

第三十二節　雜式捶出洞式

再進。將右足落在前邊。右手出去。左手拉回。仍與黑虎出洞之式相同。停住。

第三十三節　雜式捶亮翅式

再換。仍是白鶴亮翅之式。停住。

第三十四節　雜式捶炮拳式

再換式。仍是炮拳之式。微停。

第三十五節　雜式捶雙展翅式

再換式。仍是鳳凰雙展翅之式。停住。

第三十六節　雜式捶入林式

再進。仍是鷂子入林之式停住。亦謂之順步炮拳。

第三十七節　雜式捶倒取水式

再回退。仍是倒劈拳到原起處仍是烏龍倒取水式。停住。

第三十八節　雜式捶單展翅式

再退。仍是鳳凰單展翅之式停住。

第三十九節　雜式捶蟄龍出現式

再進步。仍是蟄龍出現之式。

第四十節　雜式捶出洞式

再進。仍是黑虎出洞之式。停住。

第四十一節　雜式捶風擺荷葉式

再將兩手。一齊從前邊往下落。順着左邊由下向上如畫一圓形。從後邊回來。再從目前往右前。雙手推去。兩手掌皆立著。與肩相齊。右手極力伸直。左手在右肩處。右足隨著兩手往回邁步。兩腿形與青龍出水剪子股式相同。兩手向後推。兩眼亦順着兩手向後看。兩肩仍如前抽勁。微停。此式謂之風擺荷葉。

第四十一節

風擺荷葉圖

第四十二節　雜式捶指路式

再進。將左拳從右肩處。往下前左伸去。如崩拳手相同。右手亦隨着向下曲回在右脇處。左足與左手同時出去。如崩拳步法。惟後足不跟步。

第四十三節　雜式捶出洞式

再進步。仍是黑虎出洞之式。不可停即回。

第四十四節　雜式捶回身收式

回身式。仍是鷂子翻身之式。停住。立正休息。

第十四章　十二形全體大用學（即安身炮拳）

安身砲者。譬如天地之化育萬物各得其所也。在腹內氣之體言之。其大無外。其小無內。在外之用言之。可以不見而章。不動而變。無爲而成。夫人誠有是氣。至聖之德。至誠之道。亦可以知。亦可以爲矣。在拳中即爲大德小德。大德者。內外合一之勁。其出無窮。小德者。如拳中之變化。生生不已也。譬如溥博源泉而時出之。如此形意拳之道。拳無拳。意無意。無意之中是眞意至矣。學者知此。則形意拳中之內勁。即天地之理也。又人之性也。亦道家之金丹也。勁也。理也。性也。金丹也。形名雖異。其理則一。其勁能與諸家道理合一。亦可以同登聖域。能與天地合其德。與日月合其明。與四時合其序。與鬼神合其吉凶。學者胡不勉力而行之哉。

第一節　安身炮

第一節一圖

第一節二圖

甲乙二人對舞。(甲上手乙下手)甲起點三體式。乙起點三體式。

甲先將左手。向外拍出乙之左手。卽速出右手進步打崩拳。

乙卽速先向後撤右足。左足提起。緊靠右腿。再將左手。將甲之右手向外推去。卽速進步還打崩拳。

第二節　安身炮

甲卽將右手。向後拉乙之右手。左手與右手同時向乙之面劈去。兩足不動。

乙卽將右手抽回抬起。左手與右手同時卽向甲之心口打去。如鷂子入林之式。

甲再先將左足墊橫。右足進至乙之左足外邊。左手曲回。卽摟乙之左手向後拉。右手亦同時向乙之面劈去如劈拳。

第二節一圖

甲　乙

第二節二圖

甲　乙

第三節　安身炮

乙即將左足墊橫。急進右足。速將左手抽回抬起。右手同時向着甲之左面劈去。

甲即將右手向裏裹勁。手心向上。左手腕向外扭勁離面一二寸手心向下。兩手一齊向着乙之右胳膊截去。謂之雙截手。右足同時向前邁步。

第三節一圖

甲　乙

第三節二圖

甲　乙

第四節　安身炮

乙即將左手向着甲之面劈去。右手拉回在心口右邊。

甲即換右雙截手。與左邊相同。隨後用右手從自己左手下邊出去。向

着乙之心口打去。兩足仍不動。

第四節一圖

甲　乙

第四節二圖

甲　乙

第五節　安身炮

乙將左足向後撤。右足提起。先將右手托着甲之右手。向後引進落空。

隨後再將左手。**從甲**之手**腕底下伸去向後拉。又向後撥。卽速將右手**

向着甲之心口打去。右足亦隨著落下。連拉帶撥帶打。一二三合成一氣不可間斷。

第五節一圖

第五節二圖

甲即向下坐腰。右手在乙之右手上邊。如同扨物往回扨。左手向自己右手前頭亦如右手扨法相同。隨後即將右手向着乙之面抓去連扨

帶抓一二三亦成一氣不可間斷。

第五節三圖

甲　乙

第六節　安身炮

乙即速屈回右手再即向著甲之右手鑽去。左手拉至心口處身式要矮。甲即速用左胳膊將乙之右胳膊挑起。右手抽回。再向著乙之心口打去。左足與右手同時進步。手足與炮拳式相同。

第六節一圖

甲　乙

第六節二圖

甲　乙

第七節　安身炮

乙即換退步劈拳。用左手將甲之右手扣住。右手抽回在心口處。手心向下。

甲即用左手將乙之左手摟開。右手向著乙之左面。用手背打去。右足與右手同時進步。

第七節一圖

甲　乙

第七節二圖

甲　乙

第八節　安身炮

乙即退右足。左足隨著退。謂之後代後。左手抽回。再即速鑽出。手足要同時動作。

甲即速進右足。跟左足。將左手拍出乙之左手。右手從乙之胳膊下邊。向著乙之左面劈去。謂之偷打。

第八節一圖

甲　乙

第八節二圖

甲　乙

第九節　安身炮

第九節一圖

第九節二圖

乙卽進右足。向着甲之兩腿當中落下右手先將甲之右手。向外拍出。左手再向自己之手前頭伸。又向外撥甲之右胳膊。用右手背與右足同時打甲之右面反嘴吧。

甲卽將右手屈回。向著乙之右胳膊外邊鑽出。右足卽速往後撤。右手再向同拉乙之右胳膊。左手與足同時。再向着乙之右面劈去。

第十節　安身炮

乙先往後撤左足。用右手將甲之左手掛同。右足與右手同時提起。用左手將甲之胳膊往下把。右手再往甲之頭上抓去。

第十節一圖

第十節二圖

乙爲十一節一圖

甲卽將左胳膊屈回。向着乙之右手裏邊鑽去。隨後將右胳膊如蛇形。向着乙之膪內擦去右足與右手同時進步。

第十一節　安身炮

第十一節二圖

乙卽往後撤右足。再用右手。將甲之右手。順着往後擄下。左手卽速向着甲之脖項伸去與右手同時向後按着勁拉。甲卽將右手屈回。往外掛乙之左手。左手再向着乙之右頰劈去。兩足不動。

第十二節　安身炮

乙即將左胳膊抽回在脇。右手即速向着甲之左手裏邊鑽去。兩足不動。甲即抽回左手在脇。右手即向著乙之左頰劈去。兩足不動。

第十二節一圖

第十二節二圖

第十三節　安身炮

乙即將右手。向着甲之右手拍去。左手隨後向着甲之右脇打去。身子卽換騎馬式。

甲卽坐腰兩足仍不動。隨卽兩手用猴子扨繩式。一二三用右手抓去。

第十三節一圖

第十三節二圖

第十四節　安身炮

乙卽退左足。右手速用鑽掌向甲右手外邊鑽去。左手在左脇。

甲即用左手向乙之右手裏往外撥出。用胳膊挾住。再速用右手。向着乙左邊脖項切去。左腿與手同時進步。落至乙之右腿外邊。摶住他。

第十四節一圖

第十四節二圖

第十五節　安身炮

乙即用雙截手。將甲之右手截開。兩足不動。

甲即將右手抽回隨後用左手向着乙之右頰劈去。兩足仍不動。

第十五節一圖

第十五節二圖

甲為十五節二圖

乙為十六節一圖

第十六節　安身炮

乙仍用雙截手。隨後再用右手。偷打甲之左脇。

甲即向後坐身。兩足不動左手將乙之右胳膊順著往後擄。謂之順手摔羊式。

第十六節二圖

第十七節　安身炮

甲先不起身。即用右足向着乙之右腿踢去。右手向着乙之右胳膊扔去。如扔繩一二三相似。惟右足不等落地即提起左足與右手同時起落如同狸猫上樹之式。

乙卽先提起右腿。再往後退步落下。右手卽屈回。再向着甲之右手外邊鑽去。左手在心口處。

第十七節一圖

第十七節二圖

第十八節　安身炮

甲即用左手。挑起乙之右胳膊。右手抽回。再向着乙之左頰劈去。兩足仍不動。乙即速抽回右手。在右脇處。左手即向甲之右肩抓去謂之鷂子抓肩式。

第十八節一圖

第十九節　安身炮

甲先用右手。向着乙之左手腕往外摟。左手緊跟向着乙之左手腕上邊往外推。右手隨後向着乙之左頰劈去。亦是一二三之理。兩足不動。乙卽將左胳膊屈回。再向著甲之右手裏邊鑽去。隨後往回掛。右手卽向著甲之左頰劈去。兩足仍不動。

第十九節一圖

乙爲二圖

第二十節　安身炮

甲即用雙截手截去乙之右手。兩足不動。
乙即將右手抽回。再用左手。向著甲之左頰劈去。兩足仍不動。

第二十節圖

第二十一節　安身炮

甲即再用雙截手。截去乙之左手。即再用右手偷打。仍如前雙截手偷打相同。此右手偷打出去。如起點時乙之起手打崩拳。第一手相同。

第二十一節一圖

甲　乙

乙爲二十節第二圖

第二十一節二圖

甲　乙

第二十二節　安身炮

乙再退右足提左足。用左手將甲之右手向外推。右手即速用崩拳向著甲之腹打去。此爲甲之起點第一手。還打乙之第一手相同。再往回

打。仍是乙爲甲之已來之式。甲爲乙之已來之式。循還往來不窮。若欲休息。仍還於原起點處停住。自便休息。(下卷終)

第二十二節一圖

余於乙卯歲獲謁孫先生祿堂得見其所著形意拳學一書並承先生指示途徑然后知形意拳之難能可貴也在內爲意在外爲形意之所至即氣之所至養氣功深得中和之正軌而形於外者自然從容中道形上形下一以貫之夫固非專求外壯者所可同日語也爰綴數言以誌景仰

民國八年四月東台吳心穀謹跋

孫祿堂先生著

形意拳學　一冊

八卦拳學　一冊

太極拳學　一冊

八卦劍學　一冊

拳意述真　一冊

民國廿四年十二月六版

形意拳學上下合訂
每冊定價大洋壹圓

編纂者 蒲陽孫福全

校閱者 陳慎先
吳心穀

印刷者 上海北京路二六六號
志盛印刷所
電話一四四二一號

發行者 河北完縣東後巷十一號
孫存周
上海岳州路六五號三益灰磚行
業夢俠
上海北站運輸課
支燮棠

代售處 北平武學書局
琉璃廠武學書館
北平各大書坊
上海愚園路佛學書局

形意拳學

序

武力诸技术率皆讬[①]始达摩，而支分派别，真以伪杂，或利用而不良于观，或上下进退善为容而用焉辄窒，因以致败。则传受其要也，拳法门内人言以太极为第一门，而世俗所传绵掌、八极十二节，充其量不过一匹夫之所能。其专事吐纳道[②]引若五禽、八段锦，造次敌至，手足无措，又无以应变。唯形意体本太极，扩而发之，不穷于用，且年过可学，一介儒生下至妇人女子，力无不可为者，而缓衣博带无择技，之至者进乎道而通乎神。痀偻丈人承蜩，累五丸不坠犹掇；吕梁丈夫蹈水，与齐俱入与汩[③]偕出；疱丁[④]十九年解牛数千，刀刃若新发于硎；庄子固多寓言，抑岂遂无其事而故为此俶傥[⑤]以自快其所讬也？书中所称拳法大师郭云深，某尝闻其力能摧壁，又令五壮佼拄巨竿于腹，一鼓气，五人者皆倒退至五六步外，扑[⑥]地跌坐，顾终身未尝以所长加人，隐死茶肆。孙君既为其再传弟子，渊源所自，术业之精，不问可决也。往岁某见有写本，五公山人新城王馀佑所著刀法拳术，心窃好之，而未暇录福以存，曶曶[⑦]今二十年，十三刀法已梓行，不复能忆其拳术，亶[⑧]忆其主要曰意、气、力，而力不自力、他人之力皆其力，道在用藉，极其所至，可以撼山洒海，轩拄天地，凡意气之所至皆力之所至，与今孙君所传是不同出一原，抑原一而异其支与流裔？孙君当能知其所以然。凡所与游，倘有录传其书者，尚望转以相告，勿秘藏也。

民国四年五月湘帆赵衡序

注释

①讬：音 tuō，同“托”，后同，不另注。

②道：通假字，同“导”。

③汩：当作“汩”，音 gǔ，汩流：急流。

④疱丁：当作“庖丁”，庖，音 páo，本义：厨房，此处指厨师。

⑤俶傥：俶，音 tì，卓异不凡，豪爽洒脱。也作“倜傥”。

⑥扑：当作“仆”，《说文》：仆，顿也。顿：倒下，跌倒。

⑦曶曶：音 hū hū，迅速。

⑧亶：音 dàn，通“但”，仅；只。

序

夫人生于世，享大年康健之乐，莫不得之善修者也。在古有吐纳导引之术，究不免逐偏诡正，圣人病之。今我中华，昌运宏开，环瀛之内，卫生之说溢焉。然殷忧所抱，恒见羸躯之士，枯形寡神，焦肌之童，瘁体多病，其故何在？实不知修身之道也。因思人生重于完玉，知养其身而不知其所由养，徒侈谈卫身之说，庸有济乎？向尝闻之，先身而生者先天也，后身而生者后天也。先天之气在肾，后天之气在脾。先天之气为气之体，体主静，故神藏而机静。后天之气为气之用，用主动，故神发而运动，是知内五神脏之水木火土金之五气，循环相生，随天地阴阳五行之气同周流而靡间，于以达诸耳目形骸者，神发其智矣，通诸筋骨脉络者，精发其华矣。身体坚强灵明贯澈，非善为修持者安能知此。《素问》曰："上古之人，其知道者，法于阴阳"；又曰："今时之人，逆于生乐，起居无节，故半百而衰"；又曰："女子七七任脉虚，地道不通，故形坏而无子"，是知人之材，非同金石，若不善为修持，岂非夭折自取乎？顷者友人孙禄堂先生，持《形意拳学》示余，且诏之曰："能将此学参悟，即可得此拳之妙；能将此拳练有粗得，即可获无穷之益。”余披展玩，寻[1]渐悟一二，复请教于先生。先生曰：“五行拳者，生于无极者也。无极者，乃人之无意想，无形朕[2]，先天极妙之主体，冲和之本始，太极阴阳动静之初原也。万物之生，负阴抱阳，一物一太极。太极本无极，人之真元所从而来，灵明所从而抱，五行拳生于此而与之通。通则变，完全人身之阴阳，而保此灵明者也。永人之天年，畅达人之血脉筋骨，欲从后天反先天而尽卫生之术者也，苟以异端目之远矣。且练此拳，非独壮男，即老人童妇皆可随便练习，有百益而无一害，虽以之强我种族可也。”余因是言而悟是学，且识先生欲寿世作人，培中国强盛之基，先生之用意，可谓大而远矣！然则此形意拳根于无极，能与阴阳合德，四时合序，迥非古时吐纳导引之术所可同日而语，尤非今日之技艺家所可望尘也。是学也，先生得诸李魁元先生之口传心授，而渊源于宋代岳武穆之发明，远创于达摩祖师，名虽为拳，实则为再造生人之秘钥，寿育世界之宏规，武而兼道，文而不腐，可为至宝。先生手作既成，爰嘱余为序，余恐负先生之意，是以不揣谫陋，聊赘妄语于简端，非敢谓于先生之旨趣有合也。

大兴厚菴氏艾毓宽谨识

注释

① 寻：不久。

② 无形朕：无形象、无征兆。朕：征兆，先兆。

序[1]

余从禄堂先生学形意拳术，将及四载，始知势简而意精，学易而习难，无过于形意者矣。夫日月往来而明生，寒暑往来而岁成，造化一阴阳屈伸之理。形意有往体有来体[2]，于顺中而求逆，一屈一伸，不运气而气充，不加力而力无穷，究其功之所至，合阴阳，参造化，而与太极同体，故先生是书，首论太极之体。昧者不察，乃言形意非太极，岂知拳术精微之理乎？盖能得浑圆一气之意，则合乎太极，式与法其粗焉者也。世之习太极拳术者，未得浑圆一气之意，虽能演长拳及十三势之形，又乌得谓之太极耶？先生兼明形意、八卦、太极三家，故能合冶一炉而参论之，好拳术者虚心研察，其益于身心岂浅鲜哉！

己未春三月蕲水陈曾则[3]序

注释

① 序：原版无此标题。

② 形意有往体有来体：形意拳形式中有往体（即伸、展），有来体（即缩、束）。

③ 陈曾则：即陈微明，号微明，字慎先，湖北蕲水人。武术名家，光绪二十八年（1902年）科举考中文举人。民国二年，北洋政府设立清史馆，他曾任清史馆纂修之职，是《清史稿》的二十多位作者之一。1925年5月，在上海创建致柔拳社，任社长。

自序

闻之，有天地然后有人民，① 有人民然后有庶事，有庶事而后万民乐业，此自然之趋势也。然所以富强之道，在乎黎庶之振作，振作之主义在精神。若无精神则弱矣，人民弱，国何强？欲图国强，须使人民，勿论何界，以体操为不可缺之一科，如此则精神振矣，国奚不强？② 前此文武分歧，文人鄙弃武术，武人不精文理，此其中似有畛域③之分焉。今国家振兴，庶务百度维新，学校之中加入拳术一门，俾诸生文武兼进，可谓法良意美已。

余幼而失学，即喜习武事，并非图猛力过人之勇，止求有益卫生之功，不以气粗力猛为勇，而以不粗不猛刚柔相济而为勇也。④ 人有言曰："武学与文学一理"。理既同，则何分轻重？然文学之士所以不讲武术者，实因有粗猛不雅之弊耳。余于形意一门稍窥门径，内含无极、太极、五行、八卦起点诸法，⑤ 探原论之，彼太极、八卦二门及外家、内家两派，虽谓同出一源可也，后世渐分门类，演成各派，实亦势使之然耳。余习艺四十余年，不揣固陋，因本闻之吾师所口授暨所得旧谱加以诠释，盖亦述而不作之意也。

余尝闻吾师云："形意拳创自达摩祖师⑥，名为内经，至宋岳武穆王⑦发明后，元明二代，因无书籍，几乎失传。当明末清初之际，有蒲东诸冯⑧人姬公，先生讳际可，字隆风，武艺高超，经历有年，适终南山得岳武穆王拳谱数编，融会其精微奥妙，后传授曹继武⑨先生。曹先生即康熙癸酉科武试联捷三元，供职陕西靖远总镇者是也。先生致仕后，别无所好，惟以平生工夫授人而娱余年，以技传戴龙邦⑩先生山西人。戴龙邦先生传李洛能⑪先生直隶人。李洛能先生相传郭云深⑫直隶人、刘奇兰直隶人、宋世荣直隶人、车毅斋山西人、白西园江苏人诸先生。诸先生各收门徒。郭云深先生传李魁元⑬、许占鳌诸先生；刘奇兰先生传李存义、耿继善、周明泰诸先生"。余侍李魁元先生为师从学数载，曾在北京白西园先生处，得见岳武穆王拳谱，并非原本，系后人录抄，所论亦不甚详，惜无解释之词，只篇首有跋数行。余一是顿开茅塞，立愿续述完备，明知学术谫陋，无所发明，窃仿此谱，深心研究，再照此拳各式，一一著载成书，⑭ 实无文法可观，于吾所学，不敢稍有背谬。至其间有未至者，尚望诸同志随时指正为感。

中华民国乙卯正月望日保定完县孙福全谨序

注 释

① 闻之……有人民：我听说，有天地然后有人类。

② 欲图……国奚不强：阐明人民普遍操练图强的主要目的，在于强国，这是全文的基本立场。

③ 畛域：界限。

④ 并非图……而为勇也：是说自己学武练拳，要以练武强身为功，刚柔相济为勇，而不以气粗力猛为勇。

⑤ 余于形意一门……起点诸法：是说形意中包含无极、太极、五行、八卦。无极者，当人未练拳之初，心无所思，意无所动，目无所视，手足无舞蹈，身体无动作，阴阳未判，清浊未分，浑浑噩噩，一气浑然者也。

太极者，在于无极之中，先求一至中和至虚灵之极点，其气之隐于内也，则为德；其气之现于外者，则为道。内外一气之流行，可以位天地，孕阴阳。故拳术之内劲，实为人身之基础，故名之曰太极（以上皆见《太极拳学》第一章、第二章）。五行：指金、木、水、火、土及其相生相克之理。八卦：指乾、坎、艮、震、巽、离、坤、兑，代表八个方位。

⑥ 形意拳创自达摩祖师：这是自古相传之说，达摩作《易筋》《洗髓》二经，为后来制成形意等拳法的依据。

⑦ 岳武穆王：岳飞的谥号，相传他根据《易筋》《洗髓》二经的本义，发明创造了形意拳。

⑧ 蒲东诸冯：谓山西蒲县以东的诸冯地方（现为山西省永济县张营村）。姬际可，字隆风，人称姬公。

⑨ 曹继武：清康熙癸酉科武试联捷三元，曾供职陕西靖远总镇。

⑩ 戴龙邦：山西太谷县人，一说是祁县人。一般记载为曹继武传人，但也有不同说法。

⑪ 李洛能：河北省深县人。名飞羽，字能然，世称洛能或洛农，乃为“老能”尊称传音之误。据今人考证，生卒年约为1808—1890年。相传为戴龙邦弟子，今人考证，认为系郭维汉所传。一说是戴文勋（龙邦之子）所传。

⑫ 郭云深：河北深县马庄人。名峪生，字云深。为李能然之弟子，晚清著名形意拳家，有“半步崩拳打遍天下”之誉。

⑬ 李魁元：河北涞水县人。名殿英，字奎垣（魁元），师承郭云深。

⑭ 窃仿……著载成书：是说暗自用心仿照岳武穆王拳谱，加以研究，再照此形意拳的各种姿势，一一著载而成这本《形意拳学》。

凡 例

○ 是编分为上下两编，提纲挈领，条目井然。

上编次序，首揭混沌开辟天地五行之学，并附正面之式说。至形意虚无含一气之大旨，则有起原而侧身向右之式说附焉，斯二者，乃形意拳之基础也。由总纲形意无极之说起至第五节演习之要义，更由第一章劈拳至七章十二节五行生克学，是为上编条目。按次练习，始无差谬。

下编标举形意天地化生万物之道，为下编纲领，自第一章龙形说起，至十四章二十二节安身炮学终，为下编条目；其中有单行、有对舞。单行者，单独练习；对舞者，二人比试，分甲乙上下之手，各开门起点，进退伸缩变化诸法，一一详载。体操时，凡一动一静，按此定法，不使紊乱，则此拳之全体大用功能，庶几有得，可为无用中之大用矣。

○ 是编，为体操而作，只叙形意拳之实益，议论但取粗俗易明，原非等于词藻文章，固不得以文理拘也。

○ 是编，除各式之指点外，其他一切引证，均与道理相合，迴非怪力乱神之谈所可比拟，学者不得以异端目之。

〇 是编，发明此拳之性质，纯以养正气为宗旨。固非拳脚谱、八段锦诸书所可比伦。今将十二形拳始末诸法，贯为全编，使学者一目了然。

〇 体操一门，种类繁多，惟形意拳法，系顺天地自然之理，运用一派纯正之气。无论男女妇孺，及年近半百之人，皆可练习。一无折腰曲腿之苦，二无跃高纵险之劳，且不必短服扼腕，随便常服，均可从事，此诚武业中文雅事也。

〇 此体操，较别项体操不同。别项体操，有或尚劲力，或进柔软，或讲运气，以至刀矛技艺等等不一，皆非同此拳之妙用，故不能脱俗。

〇 此十二形之体操，关系全身精神，久疾者能愈，不起者能痊，又不仅于习拳已也。

〇 是编每一形各附一图，使十二形拳之原理及其性质，切实发明，用以达十二形之精神、能力、巧妙，因知各拳各式，总合而为一体，终非散式也。

〇 附图悉用电照，以免毫厘之失，学者按像模仿，实力作去，久则奇效必彰，而非纸上谈兵矣。

形意拳学目次[1]

注释

①本书后文标题凡有与本目次相违处，已皆按此目次为准改正，不另注明。

上编　形意混沌辟开天地五行学

总 纲　无极学

无极者，当人未练之先，无思无意，无形无象，无我无他，胸中混混沌沌，一气浑沦，无所向意者也。[①]世人不知有逆运之理，但斤斤于天地自然顺行之道，气拘物蔽，昏昧不明，以致体质虚弱，阳极必阴，阴极必死。于此摄生之术，概乎未有谙也。[②]惟圣人独能参透逆运之术，揽阴阳，夺造化，转乾坤，扭气机，于后天中返先天，复初归元。[③]保合太和[④]，总不外乎后天五行拳八卦拳之理，一气伸缩之道。所谓无极而能生一气者是也。[⑤]

注 释

① 无极者……无所向意者也：是说，人在未练拳之先，要求无思无意，胸中浑然，思想意识处于寂静状态，即无所“向意”之情况。

② 世人……概乎未有谙也：世人不知以后天返回先天的道理（即从无到有再从有返回无），只知顺行天地自然之道，内不知修，外不知养，蔽于物欲，致阴阳不调，身体衰弱，这是不明了养生之道的缘故。谙：明了，熟悉。

③ 惟圣人……复初归元：是说只有对事物极为通达的人，才能揣摩通

透逆用的道理，能掌握阴阳、夺造化之功，扭转气机，引导中和之气，返回先天，复归于最初之本原。

④保合太和：意即保持会合阴阳二气，使阴阳调合，则事物无不和顺。

⑤总不外乎……一气者是也：接上面的意思，是说，要做到这些，不外乎用五行拳八卦拳中一气伸缩的道理，也就是无极而生太极，太极即一气，一气生阴阳，阴阳变化而不已。

第一式[1]

起点面正，两手下垂，两足为九十度之式。此式是顺行天地自然之道，谓之无极形式也（图 1）。

图 1　总纲无极图

注 释

①式：原文此处为"势"。原书"势""式"混用，本书统一作"式"。后同，不另注。

第一节　虚无含一气学

虚无者，○是也。含一气者 ⦶ 是也。虚无生一气者，是逆运先天真一之气也。[1] 但此气不是死的，便是活的，其中有一点生机藏焉。[2] 此机名曰先天真一之气，为人性命之根，造化之源，生死之本，形意拳之基础也。将动而未动之时，心内空空洞洞，一气浑然，形迹未露，其理已具，故其形象太极一气[3]也。

注　释

① 虚无者……先天真一之气也：虚无以◯表示，含一气以⦶表示，前者为无极，后者为太极。虚无生一气就是返回运用先天真一之气也。

② 但此气……生机藏焉：此气不是静止的，而是灵活变化的，其中含有一点生发之气。

③ 太极一气：人在将动未动时，动的意思已生，行迹虽未露，但动的道理已具于内，这便是太极一气。

图2　含一气图

第一式

起点半边向右，两手下垂，左足在前，靠右足里踝骨，为四十五度之式。内舌顶上腭，谷道上提，此式是揽阴阳，夺造化，转乾坤，扭气机，逆运先天真阳，不为后天假阳所伤也（图2）。[①]

注　释

① 此式是揽阴阳……不为后天假阳所伤也：首先说明此式是由无极式转来的太极式。无极说明心内为虚无，太极则开始腹内有阴阳（先有一，相对则为二，二即阴阳），有阴阳就要生万物，此定式即表示将生未生，将动未动之静的情况。故此式要求练拳时掌握阴阳造化之权，扭转乾坤气运之机。此时度用先天之真阳，即前节所谓先天真一之气，亦即形意拳之基础，不为后天假阳（后天拙气拙力）所伤。

第二节 太极学

太极者，属土也，在人五脏属脾，在形意拳中之横拳，内包四德。四德者即劈、崩、钻、炮之拳名也。形者，形象也。意者，心意也。人为万物之灵，能感通诸事之应[①]。是以心在内，而理周乎物；物在外，而理具于心。意者，心之所发也。是故心意诚于中，而万物形于外，内外总是一气之流行也。[②]

注 释

① 能感通诸事之应：能感应通达诸事之理。

② 是故……一气之流行也：是说，人如能从内心中发出专诚对待一切事物，则一切事物都将变化其形质于外，是即内心与外形总是一气流行之理。

第一式

起点身法，由静而动，不可前俯，不可后仰，不可左斜，不可右歪，要和而不流，中立而不倚。左足在前，右足在后。左足后根[①]靠右足胫骨，为四十五度之式，如图是也。两肩松开往下垂劲，两肘紧靠胁。两手抱心，左手在下，右手在上。左手食指向前伸，平直在下；右手中指亦向前伸，平直在上，盖于左手食指之上，二

图 3 太极图

指相合。头要往上顶，项要直竖。腰要往下塌劲，两胯里根，均平抽劲。两足后根均向外扭劲。两腿徐徐曲下[2]，如图是也。两腿弯[3]曲要圆满，不可有死弯子。身子仍不可有一毫之歪斜，心中不可有一毫之努气。起点之时，心意如同人在平地立竿，将立定之时，心气自然平稳沉静，亦无偏倚，谓之心与意合，意与气合，气与力合，此之谓内三合也。不如是，则始有一毫之差，而终有千里之谬也。故求学者，宜深索焉。

又云：式立定之时，谓之鸡腿、龙身、熊膀、虎抱头，取名一气含四象也。《易》云：四象不离两仪，两仪不离一气。一气自虚无兆质，两仪因此一气开根也。鸡腿者，有独立之形也；龙身者，三折之式也；熊膀者，项直竖之劲也；虎抱头者，两手相抱有虎离穴之式也（图3）。

注 释

① 后根：当为“后跟”。后同，不另注。

② 曲：当为“屈”。后同，不另注。

③ 弯：原文为“湾”，据文意改作“弯”。后同，不另注。

第三节　两仪学

两仪者，拳中动静起落伸缩往来之理也。吾人具有四体百骸，伸之而为阳，缩之而为阴也。两手相抱，头往上顶，开步先进左腿。两手徐徐分开，左手往前推，右手往后拉，两手如同撕绵之意。左手直出，高不过口，伸到极处为度，大指要与心口平，胳膊似直非直，似曲非曲，惟手腕至肘，总要四平为度。右手拉到心口为止，大指根里陷坑，紧靠心口。左足与左手齐起齐落，后足仍不动。左右手五指具张开，不可并拢，左手大指要横平，食指往前伸[①]，左右手大、二指虎口，皆半圆形。两眼看左手大指食指梢。两肩松开均齐抽劲，两胯里根亦均齐抽劲，是肩与胯合也。两肘往下垂劲，不可显露，后肘里曲，不可有死湾，要圆满如半月形。两膝往里扣劲，不可显露，是肘与膝合也。两足后根均向外扭劲，不可显露，是手与足合，此之谓外三合也。肩要催肘，肘要催手；腰要催胯，胯要催膝，膝要催足。身子仍直立，不可左右歪斜。心气稳定，看阳而有阴，看阴而有阳，阴阳相合，上下相连，内外如一，此之谓六合也。虽云六合，实则内外相合。虽云内外相合，实则阴阳相合也。阴阳相合，三体因此而生也（图 4）。

图 4　两仪图

注 释

① 此式练法，后来曾改为立掌，但非九十度，塌腕，虎口要圆，手向前推。

第四节　三体学

三体者，天地人三才之象也，在拳中为头手足是也。三体又各分三节：腰为根节在外为腰，在内为丹田；脊背为中节在外为脊背，在内为心；头为梢节在外为头，在内为泥丸；肩为根节，肘为中节，手为梢节；胯为根节，膝为中节，足为梢节。三节之中各有三节也。此理乃合于洛书[①]之九数，《丹书》云："道自虚无生一气，便从一气产阴阳，阴阳再合成三体，三体重生万物张"[②]，此之谓也。所谓虚无一气者，乃天地之根，阴阳之宗，万物之祖，即金丹[③]是也，亦即形意中拳之内劲也。世人不知形意拳中内劲为何物，皆于一身有形有象处猜想，或以为心中努力，或以为腹内运气，如此等类，不可枚举，皆是抛砖弄瓦，以假混真。故练拳者如牛毛，成道者如麟角，学者不可不深察也。以后演习操练，万法皆出于三体式，此式乃入道之门，形意拳中之总机关也（图5）。

图5　三体图

注 释

① 洛书：古代儒家关于《周易》和《洪范》两书来源的传说。《周易·系辞》："河出图，洛出书，圣人则之。"汉儒孔安国以为：河图则八卦也，洛书则九畴是也。

② 道自……重生万物张：语出北宋张伯端的《悟真篇》，即道教养生功法的主要经典，与《老子》四十二章"道生一，一生二，二生三，三生万物"意思相同，故谓丹书云。道指宇宙本体，定名为一；一生二，即阴阳，亦即天地；二生三，即阴阳二气和冲气。冲气即阴阳相合之气，这才能生万物。

拳中本此意说无极生一气，一气生阴阳，拳中之阴阳变化则拳道成。伸缩往来皆阴阳之变化，变则无穷。

③ 金丹：此处金丹指虚无一气，即拳中的内劲，与道教所炼之金丹不同，在此是比喻内丹。

第五节　演习之要义

形意拳演习之要，一要塌腰；二要缩肩；三要扣胸；四要顶；五要提；六横顺要知清；七起钻落翻要分明。塌腰者，尾闾上提，阳气上升，督脉之理也。缩肩者，两肩向回抽劲也。扣胸者，开胸顺气，阴气下降，任脉之理也。顶者，头顶、舌顶、手顶是也。提者，谷道内提也。横者，起也。顺者，落也。起者，钻也。落者，翻也。起为钻，落为翻；起为横，落为顺；起为横之始，钻为横之终；落为顺之始，翻为顺之终。头顶而钻，头缩而翻；手起而钻，手落而翻；足起而钻，足落而翻。腰起而钻，腰落而翻；起横不见横，落顺不见顺。起是去，落是打，起亦打，落亦打，打起落，如水之翻浪，是起落也。勿论如何起落钻翻往来，总要肘不离胁，手不离心。此谓形意拳之要义是也。知此，则形意拳之要道得矣。

第一章　劈拳学

劈拳者，属金，是一气之起落也。前四节三体重生万物张，三体总是阴阳相合。阴阳相合，总是上下内外合为一气。故其形象太极，是三体合一，是气之静也。气以动而生物。其名为横，横属土，土生万物，故内包四德。按其五行循环之数，是土生金也。故先练习劈拳。劈拳者，是气之起落上下运用之，有劈物之意，故于五行之理属金，其形象斧，在腹内则属肺，在拳中即为劈。其劲顺，则肺气和；其劲谬，则肺气乖。夫人以气为主，气和则体壮，气乖则体弱，体弱即必病生，而拳亦必不通矣。故学者不可不先务也。

第一节　劈拳起点式

起点时（图 6），先将左手往下直落，到丹田气海处俗名小腹，再由脐往上钻到口，手如同托下颏状，再与左足一齐往前起钻。手心朝上握拳往前钻，与足相齐，高不过眼，低不过口。左足往前垫步时，远近随乎人之高矮，只要身体前走不费力，为至善处。落时左足尖往外扭，扭至九十度为至善处，如图是也（图 7）。此时裆[1]要内开，右手从右边拉到右胁，手心朝上握拳靠住。

图6　三体式

图7　劈 拳

注 释

①裆：原文“膛”当作“裆”。后同，不另注。

第二节　劈拳换掌式

图8　劈 拳

再出时与右足齐去，右手出时，随出随翻。到前手时，右手心朝下，右手中指于左手食指根上出手，徐徐拉开，右手往前推，左手往后拉，手足齐落，仍与三体合一之式相同，是展开四平前后梢也。再往前进，与左式相同，左右进退落起形式，皆有行如槐虫，起如挑担之意。回身看地之远近勿拘。但勿论远近，须出去左手左足时再回身，取天左旋之义。身本右转，因劈拳属金，故取天左旋之义（图 8）。

第三节　劈拳回身式

图9　劈　拳

回身时，将左手左足一齐扭回，左足在后如图形是也（图 9）。左手挽回在左胁心口边靠住，右手与右足并身回向后来，右手右足出式，仍如同三体合一之式。左手左足起式钻翻相同，左手左足出去，仍与往来练时左右出手起落相同。往来蹚[①]子多寡，须自己随便勿拘。若是人数多者，或十数人，或数百人，以至千万人，往来蹚子多寡，总按操练时预备的口令，教习所教，为定行止可也。

注　释

① 蹚：音tāng，此处指来往的次数，当作“趟”。

第四节　劈拳收式

收式时，走到原起点处，回身仍还于起点三体式为止。惟右足要往前跟步，不可离前足太近。心沉沉稳住，提顶合口，鼻孔纳息仍如前，片时随便休息。休息时，提顶出纳亦如前（图 10）。

先贤云：休息时，眼不可低头下看，要微微仰头上看，只因眼上翻属阳，眼下视属阴故也。眼上翻能泄阴火，头目自清。眼下视属阴，阴火上撞，目红头晕，此之谓也。

又云：舌顶上腭，口内若生津液，务将咽下腹内，以免喉内干燥。后仿此，学者谨记。

图 10　劈 拳

第二章　崩拳学

崩拳者，属木，是一气之伸缩，两手往来之理也。式如连珠箭，在腹内则属肝，在拳中即为崩，所谓崩拳似箭，属木者是也。其拳顺则肝气舒，其拳谬则肝气伤，肝气伤则脾胃不和矣。其气不舒，则横拳亦必失和矣。此拳善能平气舒肝，长精神，强筋骨，壮脑力，故学者，当细研究也。

第一节　崩拳起点式

起点时（图 11），左右手同时将拳紧紧握好，如螺丝形，将胳膊伸直，前左肘暗含着[①]往下垂劲，后右肘往后拉劲，亦要往下垂劲。两肩松开，两眼往前看左手食指中节。出右手时，左足极力往前进步，右手同时往前靠着胁与前拳上边，相离寸许出手，如箭直去。左手同时拉回，紧紧靠住左胁心口边，右足亦同时随后紧跟，到前足后边相离四五寸许为度。起落时，左右手俱齐勿论，左右手在前高低，总要与心口相齐（图 12）。

图 11　三体式

图 12　崩 拳

注 释

① 着：原文"著"同"着"。后同，不另注。

第二节　崩拳换手式

再起时，左足仍极力进步，左足仍在前，右足仍在后紧跟，相离四五寸许，与左式相同。左手起往前如右手直去，右手仍往后拉如左手，亦拉至右胁心口边。此形有对待错综交互之义，手数多寡，看地形之远近，自便勿拘。然勿论地之远近，总要出去右手停住，再回身（图 13）。

图 13　崩 拳

第三节　崩拳回身式

回身时，将左足抅[1]回，亦同九十度之式，如图形是也。起时再将右手落下手心朝里，顺着身由脐往上钻到口，亦如托下颏状。回身右腿与右手同时往上起，高矮膝与肘相离二寸许。右足尖朝外，斜着极力往上仰，勿伸脚面。此时右手仍如劈拳式钻出停住，右足极力往前进，落下亦如九十度之形式，左手同时与右足齐起齐落。右手同时往回拉至心口为度。此时两手五指张开，仍如劈拳相撕之意。左足同时跟随在后边，足尖相对右足外胫骨，足后根欠起寸许，两腿如剪子股式。两眼仍看前手大指根食指梢。此形是狸猫倒上树之式也（图 14）。

图 14　崩　拳

注　释

① 抅：音 gōu，古同“拘”，勾拉。后同，不另注。

图 15　崩　拳

第四节　崩　拳

再往回走时，右足先往前垫步，与劈拳势步相同，两手仍攥拳如前。右手与左足同时前进仍如前。回身亦如前（图 15）。

第五节　崩拳收式

收式时，回到原起点处，仍回身狸猫倒上树之式。再如前出去，右手与左足停住。收时先将右足往后撤回。相离远近，再撤左足之时不费力为至善处。足落仍如九十度之形式，左足亦往后撤，仍如剪子股式，左手与左足往后撤时往前直出，右手亦同时往后拉至心口靠住，两手皆拳。每逢剪子股式，左膝紧靠右腿里曲，裆内不可有缝，紧紧靠住用力，亦不可过与不及。此时两眼仍看前手食指中节，食指中节仍与心口相平直。两肩两胯里根，抽劲仍如前，顶提亦如前，沉沉稳住，片时随便休息（图16）。

图16　崩拳

第三章　钻拳学

钻拳者，属水，是一气之曲曲流形，无微不至也。钻上如水在地中忽然突出，亦如泉水之上翻似闪。在腹内则属肾，在拳中即为钻。所谓钻拳似闪属水者是也。其气和则肾足，其气乖则肾虚，肾虚则清气不能上升，浊气不能下降矣。其拳不顺，真劲即不能长，而拙劲亦不能化矣。学者当知之。

第一节　钻拳起点式

起点时（图 17），两手握拳，先将前足如劈拳式，往前垫步，远近亦相同。出手时，前手心朝下，后手心朝上，左手往回拉至心口下脐上，大指里根紧靠腹。右手出时，从左手背上出去，钻出之手高不过眉，手心仍朝里对自己眼睛，手离眼尺余停住。右足进步，与右手同时齐去极力前进，两足相离远近，亦与拳劈步[①]相同。手足起落仍要齐，两肩两胯抽劲，仍与前三体式同。腰塌劲亦然，惟眼上翻看食指中节（图 18）。

图 17　三体式

图 18　钻 拳

注 释

① 拳劈步：原文“拳劈步”，据上下文意，当作“劈拳步”。

第二节　钻拳换手式

图 19　钻 拳

再起，右拳手腕往外扭劲，手心朝下。左拳手腕往里扭劲，手心朝上。右足垫步。两手两足，起落进步，仍与左式相同，勿差分毫。手数多寡，仍看地形远近自便。然勿论远近，亦总须出去左手时再回身（图 19）。

第三节　钻拳回身式

图20　钻　拳

回式时，左足掏回逢足往里勾，足后根极力往外扭劲为要，左手同时将拳扣回至口处，手心朝下，手腕往外扭劲停住。右拳手腕往里扭劲，扭至手心朝上，如劈拳钻出。两手仍如前法起落，右足同时与右手齐起齐落，仍如左右阴阳相摩之形式（图20）。

第四节　钻拳收式

图21　钻　拳

收式时，走到原起点处，左手左足在前停住。回身手足起落与右式相同，头顶塌腰之劲亦然。收时左足极力进步，与前无异。惟右足紧跟在后，亦如劈拳收式跟步相同，稳住片时休息如前（图21）。

第四章　炮拳学

炮拳者，属火，是一气之开合，如炮忽然炸裂，其弹突出，其性最烈，其形最猛。在腹内则属心，在拳中即为炮，所谓炮拳似炮属火者是也。其气和则心中虚灵，其气乖则心中朦昧，其人必愚矣。其拳和则身体舒畅，其拳谬则四体失和矣。学者务深究此拳也。

第一节　炮拳起点式

起点时（图 22），身子勿移动，右手靠着身子先推出，与左手合成一气，再与左足一并[①]极力往前出。惟左右手，徐徐往下斜着伸去。右足随后起，与左胫骨高相齐，进至足左里胫骨时勿落。两手一气，一齐握拳，拉回提至小腹左右靠住，两手心皆朝上。左足与两手同时提起，右足亦同时落地。左足提起时，紧紧靠住右足里胫骨。身子仍如阴阳相合之式，腰要极力塌劲稳住（图 23）。

图 22　三体式

图 23　炮 拳

注 释

① 一并：原书为“以并”，据上下文意，当作“一并”。

第二节　炮拳进步式

进步时，左手顺着身子往上钻，肘往下垂劲，拳钻至头正额处，

图 24　炮 拳

右手同时起至心口边处。此时左手拳外腕，极力往外扭劲，至手心朝外，手背紧靠正额，右手同左手翻时，由心口直出，与崩拳相同。左足极力一齐与右手往前进步，右足随后跟，相离远近，亦与崩拳步相同。左足在前，右足在后，右手在前，左手在上正额处，亦是错综之义。两眼看前手食指中节，前拳高低仍与心口平。手足起落，钻翻进步，总要齐整为佳。两肩均松开抽

劲，取其虚中之意也（图 24）。

第三节　炮拳换手式

换式，先将两手腕均朝里扭劲，往小腹处落下，手心朝上，紧紧靠住，两肘亦靠住两胁。左足亦同时往前垫步，足要直出停住。再起右足靠着左足胫骨往右边斜着进步，与左式相同。右手顺着身子钻上去到头正额处，手腕向外扭劲，手心朝外，手背靠着正额。肘要垂着劲翻手，左手同时到心口边出去，与右足齐出。左足跟步，亦与左式相同。肩抽劲仍如前式，手数多寡自便。勿论手数多少，出去左手右足再回式（图 25）。

图 25　炮 拳

第四节　炮拳回身式

回式时，两手仍如前落在小腹处。右足极力回勾，与手同时起。身子向左转，左足提起，靠住右足里胫骨，仍然如前。左足极力斜着进步，右足随后跟步如前。右手出去仍如前，左手上钻翻扭劲亦如前（图 26）。

图 26　炮 拳

第五节　炮拳收式

收式时，到原起点处，仍然左手与右足在前，身子仍向左转，手足仍如前法回身相同。右手左足出去稳住，不可慌，少停片时休息（图 27）。

图 27　炮 拳

第五章　横拳学

横拳者，属土，是一气之团聚也。在腹内则属脾，在拳中即为横。其形圆，是以性实；其气顺，则脾胃和缓；其气乖，则脾虚胃弱，而五脏必失和矣。其拳顺，则内五行和而百物生；其拳谬，则内气必努力矣。内气努则失中，失中则四体百骸无所措施，诸式亦无形矣。其气要圆，其劲要和，万物土中生，所谓横拳似弹属土者是也。先哲云："在理则为信，在人则为脾，在拳则属横。"

人而无信，百事不成，人伤其脾，则五脏失调，横拳不和，百式无形。此言形名虽殊，其理则一也。横拳者乃形意之要着也，学者不可不慎详之。

第一节　横拳起点式

起点时（图 28），两手一齐握拳，左拳手心朝上，右拳手心朝下。出手时，将右手背往左肘下出去向左手背，此时左手停住劲，不可移动。俟出左足时，右手与左足相错综着斜出，右足随后跟步在后，两足相离远近，如炮拳跟步相同。进步时，两手拧住劲，右手腕向里翻，翻至手心朝上，连翻带拧，直往前钻到极处为度，不可有曲劲。左手腕向外拧劲，至手心朝下，手背向上，同时向后拉至右肘停住。两手分开时，如同两手撕绵不开之意。两肩均合住抽劲，如同扣胸之状，暗含着抽，可莫显露着抽，心不可使努力，要自然为妙。此时两眼看右手心，两胳膊如同太极图阴阳鱼半面之形，前手高低与前胸平（图 29）。

图 28　三体式

图 29　横 拳

第二节　横拳换手式

换式时，先将左足往前垫步，再往右边斜着进步，仍与炮拳步相同。惟两手如左式将右手停住劲，左手再从右肘下边，手背朝上，往前奔右手背。左手腕朝里拧劲，直往前钻。连钻带[1]拧劲，直钻到极处，手心朝上停住。右手腕朝外拧劲，连拧带往后拉，拉至左手背朝上停住。两手分开时，亦如同左式撕绵之意，两胳膊仍如太极图阴阳鱼半面之形。手足仍错综着，抽劲仍如前，眼看亦仍如前式，手数多寡仍自便。勿论远近，出去左手右足，再回式（图30）。

图30　横拳

注释

①带：原文“代”误，改为“带”字。

第三节　横拳回身式

图31　横拳

回式时，先将右足极力往里勾回，足后根极力往外扭劲。左手停住劲，回身向左转。右手背朝上，仍从左肘下往前，左手背处出手。左足与右手同时进步斜着出去。两手分开之劲，仍如前式，勿更易（图31）。

第四节　横拳收式

图32　横拳

收式时，走到原起点处，左手右足在前，回身仍与前回身式相同，回过身时，右手左足在前，进步、跟步仍如前式，停住（图32）。

第六章　五拳合一进退连环学

连环者，是五行合一之式也。五行分演，而为五行拳五纲之谓也；合演而为七曜连珠连环之谓也，分合总是起钻落翻阴阳动静之作为。勿论如何起钻落翻，总是一气之流行也，起落钻翻亦是一气流行之节也。《中庸》曰："喜怒哀乐之未发谓之中，发而皆中节谓之和。"拳技亦云："起钻落翻之未发谓之中，发而皆中节谓之和。[①] 中也者，形意拳之大本也。和也者，形意拳之达道也。[②] 五行合一，致其中和，则天地位，万物育矣！若知五行归一和顺，则天地之事，无不可推矣。"[③]

注 释

① 拳技……谓之和：接上句意说，起钻落翻亦为一气之节。练拳时在起落钻翻之未发谓之中，发时要合于规矩，无过不及即谓和。

② 中也者……形意拳之达道也：是说"中"是形意拳之根本，"和"是形意拳中的道理，就是中节。达者通晓也，道在拳中即为拳中的道理，亦即规矩法则。练时皆合拳中规矩法则，将拳练至中和，即阴阳相济。

③ 五行合一……无不可推矣：这里五行合一指五行拳合一，将拳练至

中和之境。天地正位即阴阳相合，万物可生。五行归一合顺，内外一致，那么天地间之事便都可依理而知之。

天为大天，人为一小天，天地阴阳相合能下雨，拳脚阴阳相合能成其一体，皆为阴阳之气也。内五行要动，外五行要随。[①] 静为本体，动为作用；若言其静，未漏其机；若言其动，未见其迹，动静正发而未发之间，谓之动静之机也。先哲云：知机[②]者其神乎。故学者当深研究此三体相连、二五[③]合一之机也。

注 释

① 内五行……要随：内五行即肺、肝、肾、心、脾，因其存在于体内，故为内五行。肺通鼻，肝通目，肾通耳，心通口舌，脾通人中，这是五脏行诸外者，谓之外五行。内中一动则外形必随。内中一气流行，外形就会和顺。外面形式之顺，是内中神气之和；外面形式之正，是内中意气之中，这就是内外合一。

② 知机：能察知欲动之意，便能达到神妙之极。

③二五：二，指阴阳，五，指五行。周敦颐《太极图说》"五行一阴阳也，阴阳一太极也，太极本无极也。五行之生也，各一其性，无极之真，二五之精，妙合而凝。"

第一节 连环拳起点崩拳式

起点时（图 33），两手攥上拳，进步与崩拳同式，如行军直阵形之理（图 34）。

图 33　三体式

图 34　连环崩拳

图 35　青龙出水

第二节　连环拳青龙出水

退步与崩拳收式时剪子股式同，如行军出左翼，谓之青龙出水（图 35）。

第三节　连环拳黑虎出洞

图 36　黑虎出洞

再换式为黑虎出洞。出右手右足，右足出去要直，左足斜着随后跟步，后左足里胫骨须相对前右足脚后根。右手从右胁与心口平着直出，拳仍与崩拳相同。两眼看右手食指中节。左手腕朝里扭劲，手心朝上，与右手同时往后拉，拉至右胁停住。两手出拉之时，总是两肩里根均往回抽劲。

进步之时，两胯里根亦均往回抽劲。此式名黑虎出洞，与行军出右翼同理（图 36）。

第四节　连环拳白鹤亮翅

白鹤亮翅，先将右手屈回在心口下边，与左拳相对，两手心紧靠腹。再将两拳手腕向外扭劲至两手背向里，一齐徐徐往上起，至头正额上边，再往前后如同一条线分开到极处。两拳如同画成上半圆形，伸至两拳前后相对，均与肩平停住。然后左足极力往后退步，两拳一齐往下落，如同下半圆形落至小腹处。两肘靠胁，左手张开，右手仍是拳，手背落至左手掌中。手起时两眼看两拳，手落时两眼看右手随着下落。右足与两手同时往回撤至左足处，右足仍直着，足后跟紧靠左足里胫骨。身体要三曲折形，惟腰极力塌下劲，两肩两胯均如前抽劲，头仍顶住劲，身要稳住，两眼再往前看。此谓如行军阵图两翼翕张之式，故名白鹤亮翅（图 37）。

图 37　白鹤亮翅

第五节　连环拳炮拳式

图 38　连环炮拳

再变为炮拳，将右手往上钻，钻至头正额，手腕向外扭劲，手背仍靠正额处。左手亦同时钻至心口直往前出，右足亦同时往前进步。左足亦随后紧跟步，停住，与单习炮拳相同。惟此式直往前进步，不斜着进步。此谓两翼合一直进，名为锐形，故名曰炮拳（图 38）。

第六节　连环拳劈拳式

再变为劈拳，左手往下落似半圆形，如劈拳劈物形式，落至小腹处。左足极力往后退步要直着。左手心朝里，顺着身子往上直钻至心口。右手再直往前往下劈去，伸到极处。左手从嘴往前劈去。此时右手从左手下边拉回，两手仍似劈拳撕法撕开，右手拉至右胁停住。右足亦同时退至左足后边，相离远近与劈拳式相同。两眼看左手大指根食指梢，两肩两胯均松开抽住劲。此时身子阴阳相合之式，腹内如同空洞相似为妙。此式取金方之义，故名劈拳式（图 39）。

图 39　连环劈拳

第七节　连环拳包裹式

变为包裹式，亦名为横拳。两手皆先将中指、无名指、小指极力一齐卷回，两手大指、食指均皆伸直，两手心均暗含与两肩相合着抽劲，不可显露。再将左手往下落至小腹处，手腕向里裹，左肘紧靠左胁。手往上钻至口处，手腕再向外扭劲，斜往前拧着劲出手，到极处手心朝下。虽然胳膊斜出，总是于心口出去之意相同。左手朝里裹时，左足同时回至右足胫骨前边，足尖着地，足后根欠起，再一齐同左手出去仍回原处。左足似落未落之时，右手从右胁手腕朝里裹劲，从心口至嘴往前钻出，到极处手心朝上，食指伸着，与嘴相对又平着。左手俟右手出时，即往回拉，拉至左胁仍手心朝下停住。右足同时随后跟步。此式亦错综着，身子三折式形，小腹放在左腿根上为度。此名为包裹之式，亦名圆形属土（图40）。

图40　包裹

第八节　连环拳狸猫上树式

换为狸猫上树之式。先将左足往前垫步，再起左手右足，一齐极力前进。右手同时拉回至心口右边，左足亦同时随后紧跟步。两腿仍

图 41　狸猫上树

剪子股式，两手皆张开，两肩两胯均齐抽劲，不可有一舛错不齐，使内气不得中和，丑态百出，拙气尽生，人虽有勇敢之心，亦不能有所得也，学者慎之。此谓狸猫上树之式，如阵图爪牙之形，又剪子股式，如擒拿是也（图 41）。

第九节　连环拳崩拳式

图 42　连环崩拳

变崩拳式。先垫右足，再极力进左足出右手，左手拉回至心口左边，右足随后紧跟步。手足用劲与两足相离远近，仍与崩拳相同，不可相差分毫，停住再回身。此谓直形，亦追风赶月不放松之谓也（图 42）。

第十节　连环拳回身式

图 43　狸猫倒上树

回身为狸猫倒上树之式，仍与崩拳回身剪子股式相同停住。此式如同行军败中取胜之式，故名为狸猫倒上树（图 43）。

第十一节　连环拳回演

回演仍垫右足，进左足，出右手，左手拉回，右足随后跟步。形式用劲，仍与第一节至第十节各式相同。

第十二节　连环拳收式

收式，仍与崩拳收式相同（图 44）。

图 44　连环收式

第七章　五拳生克五行炮学

前七曜连珠者，是五纲[①]合一演习而成连环，是阴阳五行演成合一之体也。此谓五行生克变化分布之用也，又谓之五行炮拳。

前者五行单习，是谓格物修身[②]。而后者五行拳合一演习，是谓连环，为齐家。有克明德之理。此谓家齐，是五行拳各得其当然理之所用，[③]而又谓明德之至善也[④]。先哲云：为金形，止于劈；为木形，止于崩；为水形，止于钻；为火形，止于炮；为土形，止于横，五行各用其所当，于是乃有明德之至善之谓也，故名五行拳生克变化之道也。

注 释

① 纲：原文“钢”误，改为“纲”。

② 格物修身：格物是指深究事物的道理取得知识。见《礼记·大学》“致知在格物”。修身，是说涵养德性，并能实践，修养身心，内外一致。施之于拳术，单习时务要深究各形之理。一气流行，内外一致，内修外养，练拳之道就可以达到了。

③ 有克明德……理之所用：克，是能够的意思，明德，是光明之德也，见《礼记·大学》“大学之道，在明明德”。克明德是说，五行拳单练，能格物修身；五行拳合演，则能齐家、显明德。这便是五形拳各得其用，是按其当然之理而应用的。

④ 而又谓明德之至善也：五行拳按各形之理，深思体验便能各得其用。如能用之得当，就能达到明德最好的境界。

第一节　五行生克拳

预备甲乙二人，合演对舞。起点时，二人分上下手，均站三体式。甲上手，乙下手。乙先进步用右手打崩拳，甲用左手扣乙的右拳，两足亦同时向后撤步。左足仍在前，右手仍在右胁（图 45）。

图 45　甲乙合演

第二节　五行生克拳

图 46　甲乙合演

乙再进步用左手，仍打崩拳。甲再将左足尖向外斜横着垫步，左手起钻仍与劈拳相同，钻至乙的左手外边，手心向里停住。右手急速从右肋向着自己的左手出去，再向乙的头肩劈下去。右足亦与右手同时进至乙的左足外后边落下。是劈拳能破崩拳，谓之金克木也（图 46）。

第三节　五行生克拳

乙再将左拳往上钻翻是手腕向外翻也，右手速向甲的心口打去，两足不动，是谓炮拳。所以崩拳属木，炮拳似炮属火，木能生火。崩拳能变炮拳，炮拳属火，火克金，所以炮拳能破劈拳也（图 47）。

图 47　甲乙合演

第四节　五行生克拳

甲再将右足提起抽回，至左足前面，足尖向外斜横着垫步。左拳往下落向里裹劲，肘靠胁压住乙的右手，即速将自己的右手抽回右胁，再将左足向前进步，至乙的右足里边。右拳手心向上，顺着自己身子，肘靠着胁，与左足同时向着乙的左手里边下颏钻去。两眼看乙的眼，俟其变动。此谓钻拳能破炮拳。劈拳属金，钻拳属水，是金生水，劈拳能变钻拳。水克火，所以钻拳能破炮拳也（图 48）。

图 48　甲乙合演

第五节　五行生克拳

乙再将右拳抽回右胁，左手同时斜着劲，向着甲的右肘上胳膊推去，谓之取甲的斜劲，两足不动，是谓横拳能破钻拳。炮属火，横属土，火生土，是炮拳能变横拳。土克水，所以横拳能破钻拳也（图 49）。

图 49　甲乙合演

第六节　五行生克拳

甲再将右手抽回，左手同时对乙的心口打去，两足不动，是谓崩拳。钻拳属水，崩拳属木，水生木，是钻拳能变崩拳。木克土，所以崩拳能破横拳也（图 50）。

图 50　甲乙合演

第七节　五行生克拳

乙即将右手扣甲的左拳，乙再将左手左足撤回至右足后边，如劈拳形式（图 51）。

图 51　甲乙合演

第八节　五行生克拳

甲再进步打右手崩拳（图 52）。

图 52　甲乙合演

第九节　五行生克拳

乙再将左手扣甲之右拳，乙的右拳右足如前式撤回（图 53）。

图 53　甲乙合演

第十节　五行生克拳

甲再进步打左手崩拳（图 54）。

图 54　甲乙合演

第十一节　五行生克拳

乙即将左手，如单打劈拳式，从小腹处钻出在甲的左手外边，手心朝上。再出右手进右足，劈法进法，各项的劲，与甲第一式相同。此式亦劈拳破崩拳，谓之金克木也（图 55）。

图 55　甲乙合演

第十二节　五行生克拳

再演甲为乙的前式，乙为甲的前式，来往循环，直如一气之伸缩往来之理。若得此拳之意味，真有妙不可言处。先哲云："太极之真，二五之精"[①]，亦是此拳之意义也。

注 释

① 见前第六章注⑥。

(上卷终)

下编　形意天地化生十二形学

天以阴阳五行，化生万物，气以成形，而理即敷焉。[①]乾道成男，坤道成女，而人道生焉。天为大天，人为小天。拳脚阴阳相合，五行和化，而形意拳出焉。[②]气无二气，理无二理。[③]然物得气之偏，故其理亦偏；人得气之全，故其理亦全。物得其偏，然皆能率夫天之所赋之性，而能一生随时起止，止于完成之地。[④]至于人，则全受天地之气，全得天地之理，今守一理，而不能格致万物之理，以自全其性命，岂非人之罪哉！[⑤]况物能跳舞，效法于人，人为万物之灵，反不能格致万物之理，以全其生，是则人而不如物矣，岂不愧哉！今人若能于十二形拳中，潜心玩索，以思其理，身体力行，知行合一，不惟能进于德，且身体之生发，亦可以日强矣。[⑥]学者胡不于十二形拳中，勉力而行之哉。

注释

①天以……理即敷焉：是说，天以阴阳、五行之精化生万物，一气成形，阴阳变化之理即铺陈在内了。敷，布也。

②拳脚……而形意拳出焉：指练拳能阴阳相济，五行中和。前边提到，

“中”是形意拳之根本，所以形意拳由此而出。

③ 气无二气，理无二理：气指先天一气，理指阴阳变化之理。

④ 物得……止于完成之地：虽然物得天地之气偏，其能长短各异，从无兼全者，但都能遵循先天所给予的性能而随时起止，直到完成。

⑤ 至于人……岂非人之罪哉：是说，人受天地之气与理虽全，但只守一理，而不能对万物之理性，明了透澈，致危及自身性命，这种罪责是人自己应该负的。

⑥ 今人……亦可以日强矣：是说，人在练拳时，通过实践，对于十二形中之物的性能，深思其理，采其所长，以为己用。如此则能内修其德，外练体魄，身体自能强壮。

十二形者，是天地所生之物也，为龙、虎、猴、马、鼍、鸡、鹞、燕、蛇、鲐、鹰、熊是也。诸物皆受天地之气而成形，具有天理存焉①。此十二形者，可以该括②万形之理，故十二形为形意拳之目，又为万形之纲也。所以习十二形拳者，可以求全天地万物之理也。

注 释

① 具有天理存焉：天理，指天地阴阳变化之理，随生俱来。

② 该括：包罗，概括。

第一章　龙形学

龙形者，有降龙之式，有伏龙登天之形，而又有搜骨①之法。龙者真阴物也龙本属阳，在拳则属阴，在腹内而谓心火下降。丹书云：龙向火中出是也，又为云，云从龙，在拳中而谓龙形。此形式之劲，起于承浆之穴即唇下陷坑处，又名任脉起处，与虎形之气轮回相接，二形一前一后，一升一降是也。②其拳顺则心火下降，其拳谬则身必被阴火焚烧矣。身体必无活泼之理，而心窍亦必不开矣。故学者，深心格致，久则身体活泼之理，自然明矣。

注释

①搜骨：搜骨二字，各家引用均无解释。搜，古人作摉，音 sōu，《玉篇》解作“聚也”。龙既有升降、起伏、屈伸变化之能，当从紧聚收缩其筋骨开始。一张一弛，一伸一屈，然后才能万变。因此窃疑“搜骨”即缩骨。搜与缩声母同，韵部通（同属江有诰《古韵二十一部总》第三部，搜平声，缩入声，平入相配），故“搜”可借为“缩”。

②与虎形……一升一降是也：龙形之劲起自承浆穴（即唇下陷坑处），即任脉起处，其气下降，而虎形之气自臀尾长强穴，即督脉起处，其气自下

上升，所以说二形一前一后，一升一降，二气轮回相接。

第一节　龙形起点式

起点三体式（图 56）。先将左足尖向外扭，斜横着朝前垫步，足心欠起。右足扭直，足尖着地，足后跟欠起。两手如劈拳，右手出去，左手抽回。两胯里根松开劲，身子伏下。小腹全放在左腿上，如龙下潜之意。两眼仍看前手食指，手仍与心口平，腰仍然塌劲，两肩松开抽劲，仍如前法式，稳住再换（图 57）。

图 56　三体式

图 57　龙 形

第二节　龙形换式

换式，将右手如劈拳搂回钻出，左手出去两手仍如劈拳。惟两腿调换，左腿抽至后边，如右足式。右腿进至前边，如左足式。两腿抽换之时，与两手同时起，如飞龙升天之意，落下四梢具要齐。抽换之时，身子不可往上起，头要暗含着顶劲，身子总有上起之形，乃随着意而起也，稳住再换式（图 58）。

图 58　龙 形

第三节　龙形再换式

再换式，两手起落，两腿抽换，两肩两胯松开抽劲，仍然如前。惟换式钻手之时，眼跟着手往上看，下颏往前伸，又往上兜劲，取任脉起于承浆之意也。数之多寡自便（图 59）。

第四节　龙形收式

收式，仍还于左式。右手左足在前，稳住，再将右手抽回，左手出去，仍还三体式休息（同图 59）。

图 59　龙 形

第二章　虎形学

虎形者，有伏虎离穴之式，而又有扑食之勇也。在腹内为肾水清气上升。丹书云："虎向水中升"是也。又为风，风从虎，在拳中而为虎形。臀尾名督脉，又名长强起落不见形，猛虎坐卧出洞中是也。其拳顺，则清气上升而脑筋足矣。其拳逆，则浊气不降而诸脉亦不贯通矣。医书云：督脉为百脉之原，督脉一通，诸脉皆通，即此意也。学者务格其虎形之至理，而得之于身心，以通诸窍。

第一节　虎形起点式

起点仍是三体式（图 60），先将左手右手具往前稍往下斜着伸直，身子仍是阴阳相合着抽住劲，不可有移动。左足先垫步，再将右足极力前进，过去左足一二尺，不等落地，左足即提起，紧靠右足胫骨。两手与左足亦同时搂回，提至小腹处，手心向上握拳，两肘紧紧靠胁，腰往下塌劲。搂提起落总以腰塌劲为主，不然则身体不能轻矣。顶提身体相合仍如前法稳住。此式无论远近，束身一跃而去，并非纵跳也（图 61）。

图 60　三体式

图 61　虎 形

第二节　虎形进步式

图 62　虎 形

再出左足，斜着往前进步，右足随后跟步与练炮拳相同。两手顺着身子钻上至下颏处，往前连钻带翻两手腕均向外扭劲，向前扑出，两手虎口与心口平。两肩向外开劲，又向后抽劲。左足直着，与手同时前进。右足跟步与练炮拳相同，两眼看两手当中，稳住（图 62）。

第三节　虎形换式

再进换右式，先将左足直着往前垫步，与炮拳垫步相同。两手一齐与左足垫步之时，同时落至小腹处，与劈拳单手落法相同，此不过两手齐落，与足如一。两眼再看右边，远近将眼正住，不仰不俯，譬如算学，身为股，地上为勾，眼看处为弦，是为目的，此看法眼不能生浮火也。

图63　虎 形

第四节　虎形换式

再进，步法与炮拳相同，两手如左式，扑出均皆相同。数之多寡随便，无论多少总以出去右式，右足在前停住再回身（图63）。

图64　虎 形

第五节　虎形回身式

回身向左转，扣右足进步与炮拳相同。两手与扣右足时，一齐落在小腹处。两手仍与左足同时扑出，再进仍与前式相同（图64）。

第六节　虎形收式

收式仍出去右式，右足在前，停住。回转进步，两手扑出，亦仍与回身之式相同。回过身时稳住片时，休息。

第三章　猴形学

猴形者，物之最精最巧者也。有缩力之法，又有纵山之能。在腹内则为心源，在拳中谓之猴形。其拳顺，则心神定静，而形色亦能纯正。其拳谬，则心神摇乱，而形色亦即不和，手足亦必失宜矣。《孟子》云：根心生色现于面，盎于背，施于四体，亦此气之谓也。① 此形之技能，人固有所不能及，然格致此技之理，而身体力行之，不惟能收其放心，且能轻便身躯也。② 学者于此形切不可忽焉。

注　释

①《孟子》……亦此气之谓也：是说，人腹内心气正，面上神色就正，四肢动作亦会中和、协调。孟子以下五句引自《孟子·尽心上》，原文云："君子所性，仁义礼智根于心，其生色也，睟然见（音现）于面，盎于背，施于四体，四体不言而喻。"

② 此形……轻便身躯也：是说，猴形之技虽不易学，但若深究其理，细细揣摩此物之性，然后用功实践，不独能养成专一的精神，且能使身体轻便起来。放心：见《孟子·告子上》"学问之道无他，求其放心而已矣"，求其放心，是将放出去的心收回，专心致力于学习。

第一节　猴形挂印式

预备起点三体式（图 65），稳住，再将左足抬起，走往右边，垫步极力向外扭劲。左手落至小腹处，与劈拳相同钻出，身子随着左足向左转，右足极力进步，至左足前边，足尖向里扣劲落下。此时身子面向或西南，或东北，总看是从何方起点。若是从北方起点，此式面向东北矣。再将左足与左手同时撤至右足后边，右手再与左手上边出去。此式与劈拳相同（图 66）。

图 65　三体式

图 66　左式猴形挂印

第二节　猴形掏[①]绳式

再将左足极力往后垫步，右足踏着地，拉至左足处，足尖着地，足根欠起，足后根对着左足胫骨，身子三折形，如图是也。右手拉至小腹处，肘紧靠住肋。左手出至口前二三寸许，手背朝上，两手如同鹰捉形式，五指具张开。肘靠胁，两胯里根与臀尾极力往后缩。头可往前又往上，顶住劲稳住（图 67）。

图 67　左式猴形捯绳

注释

① 捯：原文“扨”字音义待考，疑为“捯”的异体字，现统一改为“捯”字。捯，音 dáo，两手不住倒换着拉回线、绳等。后同，不另注。

第三节　猴形跑①竿式

再将右足极力往前垫步，左手伸直再进右手，左足同时并出，拉回左手至心口左边停住。再出左手，同时并将右腿极力上抬，大腿根与小腹相挨，足尖极力上仰，微停，再出右手落右足，左手又拉回。起手落足回拉，手要齐正。此式与劈拳相同，稳住再换式（图 68）。

图 68　左式猴形跑竿

注释

① 跑：音 páo，爬行。

第四节　猴形挂印式

换式，再将右足极力往外扭劲。右手亦如左式落在小腹处，往上钻出，身体随着右足右转。左足极力往右足前进步，又极力往里扣足，此时身子面向西北矣。再出左手，劈拳式仍如左式。往后缩力，又往前进步。出手抬足回拉手，无不与左式相同，数之多寡自便。回式，无论左式右式随便回式，勿拘（图 69~ 图 71）。

图 69　右式猴形挂印

图 70　右式猴形掛绳

图 71　右式猴形跎竿

第五节　猴形回式

回式时，譬如面向西北，左手左足身向左转，面向西南。出手起落仍与左右式练法相同。

第六节　猴形收式

收式，仍还于原起点处，亦仍与左右式练法相同，稳住片时休息。

第四章　马形学

马形者，兽之最义者也。有疾蹄之功，又有垂缰之义，① 在腹内则为意，出于心源，在拳中而为马形。其拳顺，则意定理虚②；其拳谬，则意妄气努，而手足亦不灵矣。先哲云：意诚而后心正，心正则理直，理直则拳中之劲亦必无妄发矣。③ 学者于此马形，尤须加意。

注 释

① 有疾蹄之功，又有垂缰之义：疾，迅速之极，疾蹄言奔跑甚快。垂缰：是指缰绳下垂无人控制，如主人有难，不能执缰，马也能自寻归路。或有战马，救主人脱难。杜甫《房兵曹胡马》诗："所向无空阔，真堪托死生"，就是歌颂义马的。

② 理虚：这里的理虚，是说知理尚有未尽。虚即空，空才能容物。因对事物之理还要穷究，以达至善。

③ 先哲……必无妄发矣：意自心发，诚是实，发自内心的忠诚，自然心正、理正，不自欺欺人。拳中之劲发出自不妄发，而能中节，无过不及。这几句的意思是引自《礼记·大学》"物格而后知至，知至而后意诚，意诚

而后心正，心正而后身修”。无妄：《周易·上经》卦名。妄，虚伪之意。无妄，即不虚伪。练拳时，按照道理，不失规矩，自会作通。

第一节　马形起点式

预备起点三体式（图 72），将右足往前垫步，足落地如九十度之形式。将左右手卷上拳，两手腕朝里裹劲，手心向上，两肩松开抽劲。左胳膊不可回来，仍挺住劲。再将右手向左手背下出去。此时两手心仍向上着，两手分开之时，右手向前推劲，左手向后拉劲，至心口前停住。两手腕皆向外扭劲，扭至手背皆向上，两拳相对。右足与右手同时极力向前进步。左足随后微跟步，不可离前足太近。两眼看前手食指根节，两胳膊如太极鱼形式。两肘平抬起，如图是也。两肩均向外松开抽劲，稳住（图 73）。

图 72　三体式

图 73　左式马形

图 74　右式马形

第二节　马形换式

再出式，裹手垫步，出手。两手相对，两肩抽劲，两眼看处，均与左式相同，数之多寡自便。无论数之多寡，总出左手再回式（图 74）。

第三节　马形回式

回式，身子随着右手向右转，两手两足均与劈拳相同。再出手，与左右式均皆相同。

第四节　马形收式

收式，仍至起点处回式，打出右式，停住片时，休息。

第五章　鼍形学

鼍形者，水族中之身体最灵者也。此形有浮水之能，在腹内则为肾，而能消散心火，又能化积聚，消饮食。在拳中则为鼍形，其形能活泼周身之筋络，又能化身体之拙气拙力。其拳顺，则筋骨弱者能转而为强；柔者能转而为刚；筋缩者易之以长；筋弛者易之以和，则谓顺天者存也。其拳谬，则手足肩胯之劲必拘束矣。拘束则身体亦必不轻灵，不活泼矣。不活泼，即欲如鼍之能与水相合一气而浮于水面，难矣。

第一节　鼍形起点左裹式

预备起点三体式（图 75），将左手裹在下颏处，手心朝上，肘紧靠胁，左足与左手同时回至右足胫骨前面（图 76）[①]。

图 75　三体式

图 76　包 裹

注 释

① 此节包裹式与上编第六章第七节连环拳包裹式相同，唯连环拳包裹式出手时是直着，而此式是往外横着出去，劲力同而外形稍异。

图 77　左式鼍形

第二节　鼍形左裹式

再将左手从口斜着与左足并出，与连环包裹相同。手足似落未落之时即出右手（图 77）。

第三节　鼍形右裹式

再将右手从右胁裹着劲钻出至口，肘靠着胁，从口前钻出去尺许，手心仍朝上，亦与连环练包裹右手相同。右足同时与右手起至左足胫骨处，似靠未靠之意，不可落地（图 78）[1]。

图 78　包 裹

注 释

① 参考本章第一节注。

第四节　鼍形换式

再将右手右足向前斜着连翻带横出去，与左式相同（图 79）。

图 79　右式鼍形

第五节　鼍形再换式

再出左手足，仍与右式相同，两眼看所翻之左右手之食指。虽然两手之分合，总如一气连环不断之意，又两手两足分合，总是与腰合成一气，又如万派出于一源之意也。数之多寡自便。

第六节　鼍形回式

回式，横出右手右足之时，右足不落，即速极力回扣。身子随着左手向左转，裹手仍向斜着出去左手，右足随后跟着，亦仍如左右式练习相同。

第七节　鼍形收式

收式，仍如回式，裹钻起落相同，稳住休息。

第六章　鸡形学

鸡形者，鸡于世最有益者也。能以司晨报晓，又有单腿独立之能，抖翎之威，争斗之勇，故鸡形拳中之功夫可谓甚大。在腹内而为阴气初动，又为巽卦，在天为风，在人为气，在拳中谓之鸡形。又能起足根之劲上升，又能收头顶之气下降，又能散其真气于四体之中。其拳顺，则上无脑筋不足之患，下无腿足疼痛之忧。其拳谬，则脑筋不足，耳目不灵，手足亦麻木不仁矣。学者于此鸡形中最当注意。

第一节　鸡形金鸡独立式

预备起点三体式（图 80），先将右手从左手下出去。腰胯肩亦随着右手去，右腿曲膝。足后根欠起，右手抽回，肘靠着胁。右足再往前进，至左足前，足高矮与左足胫骨相齐，不可落地。再将右手从左手上边抽回来，左手亦与右手下边出去，两手具是掌。右足落时，左足同时提起，靠至右足胫骨处，两足起落皆与两手均要齐一，腰亦同时塌劲为谨要。此时两胯两肩俱阴阳相合着抽住劲。右腿要曲着，左手往前往下斜着推住劲，右手大指根在脐边靠住。两眼看左手大指根食指梢。身子如用绳束缚一般，稳住稍停，再往前进（图 81）。

图 80　三体式

图 81　金鸡独立

第二节　鸡形后金鸡独立式

前进，两手仍勿动，右肘靠着胁，左手极力推住。再将左足极力前进落地，右足亦再极力前进，步未落地之时，左足提起，仍靠右足胫骨，如前式稳住。此式步法与虎形第一步相同，惟两手之式，左手仍推着劲，右手仍在脐边不动，前后两式，具金鸡独立之式。

第三节　鸡形金鸡食米式

将左手仍极力挺住劲，再将右手卷上拳，向前出去，如崩拳形式。左足直着，与右手同时极力向前进步。惟左手不可回来，同时扣在右手腕上。右足亦随后紧跟至左足处，如崩拳跟步相同。两眼看右手食指中节，两肩向后抽劲，两胯里根亦然，稳住（图 82）。

图 82　金鸡食米

第四节　鸡形金鸡抖翎前式

再将两手抱在胸前，手心向里，左手在里边，右手在外边，离胸前二三寸许。两肘往下垂劲，两肩亦往下垂劲，又往外暗含着开劲，身子如同捆住劲一般，两胳膊如十字形式，将右足撤回，两腿如同骑马式，两足跟向外扭，不可显扭。两膝向里扣劲，不可显扣，两胯根向里抽劲亦向外开劲，亦不可显露（图 83）。

图 83　金鸡抖翎前图

第五节　鸡形金鸡抖翎后式

图 84　金鸡抖翎后图

两手分开式，将右手顺着面前正中，往上钻至正额处再翻，如炮拳翻手相同。左拳同时向下向后拉劲，至左胁后边手心向后，如同劈拳拉手相同。两足扭成顺式如图是也。身子随着右胳膊扭劲，扭至心口与右膝并右足尖相对为度。此时两眼随着右手看食指根节，两肩齐向外开劲（图 84）。

第六节　鸡形金鸡上架式

再将右手张开，手腕向里扭劲，至手心朝里，即靠着身子向左胳膊下边极力穿去，手腕紧靠着左胁，左手与右手同时紧靠身子，往右肩极力穿去，两手如同用绳子将身捆住，二人两头相拉之力一般。两肩往下垂劲，又须暗含往外开劲。身子阴阳相合着，三折形式。左足同时进至右足前，未落之时，右足即速抬起，与左足落地时，紧靠住左足胫骨。两手相穿，相抱，两足起落均要相齐如一，不可参差。腰极力塌住劲，两眼顺着左手往前看，稳住（图 85）。

图 85　金鸡上架

第七节　鸡形金鸡报晓式

再将右手极力从下边，如同画一圆形往上挑去，高与头顶齐。两眼跟着右手看食指梢节。左手与右手同时，如劈拳式拉至左胁后边。右足与右手同时极力往前进步。两腿两足形式与劈拳相同。两肩前后顺着开劲。两胯根亦前后顺着开劲。此时身体如同一四方物，四面用绳子相拉，均一齐用力相争一般。腹内空空洞洞，如天气之圆，身外如地形之方，此谓内圆外方之义也（图 86）。

图 86　金鸡报晓

第八节　鸡形劈拳式

将右手仍在上挺住劲，右足垫步，左手左足再出去，与练劈拳相同。惟右手不收回来，不过左手出去略高些。

第九节　鸡形劈拳式

再出手仍是劈拳，此形中有两劈拳之式，劈出右手再换式。

第十节　鸡形金鸡独立式

换式，右手再落再钻，左手出去，仍与劈拳无异。惟右足俟右手钻时，提回至左足处。右足落时，左足即提起，紧靠右足胫骨。两手两足起落，仍然齐一。此式仍还于起点之时，金鸡独立之式，稳住。

第十一节　鸡形金鸡食米式

再换，仍如金鸡食米之式。数之多寡，循环自便。

第十二节　鸡形收式

收式，仍还原起点处于练劈拳左手在前之时，仍若劈拳回身收式，稳住片时，休息。

第七章　鹞形学

鹞形者，有束翅之法，又有入林之能，又有翻身之巧，在腹内能收心藏气，在拳中即能束身缩体。其拳顺，则能收其先天之气入于丹田之中。又能束身而起，藏身而落。先哲云："如鸟之束翅频频而飞"，亦此意也。其拳逆，则心努气乖，而身亦被捆拘矣。学者若于此形勉力为之，则身能如鸟之束翅，行之如流水一律荡平矣。

第一节　鹞形鹞子束身式

预备起点三体式（图 87），两手卷上拳，将右手心向上，往左手下边出去，左手腕向里裹劲，手心朝上。左足先极力直着往前垫步，右足亦极力进步，进至左足前一二尺，未落之时即将左足提起，紧靠右足胫骨，两手起钻与两足[①]起落均要齐一。此式之进步，与虎形进第一步起落相同，停住。此式谓之鹞子束身式（图 88）。

图 87　三体式

图 88　鹞子束身

注　释

①足：原文“右”字误，改为“足”字。

第二节　鹞形鹞子入林式

图 89　鹞子入林

再进步，两手换炮拳，右手往上钻翻。左手往前出，与炮拳皆相同。惟进左足，右足不动。此式谓之鹞子入林，又名顺步炮拳，稳住（图 89）。

第三节　鹞形鹞子钻天式

再进，将右拳向里裹肘裹腕，手心朝上。将左拳腕亦向里裹劲，手心向上。右手与肩平着向左手腕里边极力出去。左手如攞袖一般，攞至右手肘后边，手心向下，左肘紧靠着心口。右足与右手同时并进，手足上下相齐。此式与钻拳左式略相同。两眼看食指中节，稳住，此式谓之鹞子钻天（图 90）。

图 90　鹞子钻天

第四节　鹞形鹞子翻身式

回式，将右手从眼前曲回在左肩处，右足与右手同时拘回足尖。左手在右肘下边，靠着身子极力往下画一半圆形。右手与左手同时分开，往后拉，拉至右胁后边。左手画至前边，与右拳前后相对，如同托中平枪形式。左足俟右足拘回时，即提起与右足胫骨相靠，随后即与左手同时并出。身式足法与劈拳相同，惟身式低矮些，两眼看前手食指中节，稳住。此式谓之鹞子翻身式（图 91）。

图 91　鹞子翻身

第五节　鹞形鹞子束身式

再进步，仍如前鹞子束身式，以后仍如前循环不已[①]，数之多寡自便。

注释

① 已：原书为“巳”，据上下文意，改作“已”。

第六节　鹞形收式

收式时还于原起点处，仍用鹞子翻身，回身收式，稳住片时休息。

第八章　燕形学

燕形者，鸟[1]之最灵巧者也，有取水之精。在腹内即能采取肾水上升，与心火相交。《易》云："水火既济。"[2] 儒云："复其真元[3]。" 在拳中即能活动腰气，又有跃身之灵。其拳顺，则心窍开，精神足，而脑筋亦因之而强。其拳谬，则腰发滞，身体重，而气亦随之不通矣。学者于此尤当加谨焉。

注释

① 鸟：原文"燕"字误，改为"鸟"字。

② 在腹……"水火既济"：肾属水，肾水上行济于心。心属火，心火下交于肾。一升一降，往来不穷。上下通，人能健康。《易》云"水火既济"，也就是这个意思。

③ 复其真元：先天之气，谓之真元之气。人通过锻炼，将真气恢复，不受拙气拙力所伤。

第一节　燕形

预备起点三体式（图 92）。先将右手从左手下出去，再由额前拉回，两手两足身法为金鸡抖翎之式。仍将身扭至面朝后，将小腹放在右大腿上，停住（图 93）。

图 92　三体式

图 93　金鸡抖翎后图

第二节　燕形燕子抄水式（一）

再将身扭向前来，扭时身子不可向旁边回来。身子扭回时，仍要极力塌劲扭回来，如同书字藏锋折笔，折回意思相同。身形虽有旁边扭回之形式，而内中之气、意与劲，不可有偏回之心思。左手与身子合成一气，向前直伸，手腕向里扭，扭至手心朝上，与足相齐。右手亦与左手同时向后拉，拉至右胁后边，停住。身子往回折形式，身要矮，两眼看着左手食指，身子如同伏在地下一般。身子扭过来之时将小腹放在左腿上，似停未停之时，再往前进步。此式谓之燕子抄水起之始（图 94）。

图 94　燕子抄水始

第三节　燕形燕子抄水式（二）

再将右手往前进，向左手下边出，手心向上。次将左手向里翻在右手下边，手心向下。两手腕如同十字形式，亦似停未停再换式。此式谓之燕子抄水起之中（图 95）。

图 95　燕子抄水中

第四节　燕形燕子抄水式（三）

再将右手心扭向外，两手一气举起，与肩相齐，两眼进[①]十字当中。右足极力向前进步，未落地时，即将左足提起，紧靠右足胫骨。两手与右足落时，两手如同画上半圆形，向前后分开相对，均与肩

图 96 燕子抄水末

齐，亦如白鹤亮翅展开相同。两眼看前手，此式谓之燕子抄水起之末。始中末三式，即二三四式，总是要一气习练，学者要知之（图 96）。

注释

①进：原书“进”当作“看”字。

第五节 燕形金鸡食米式

再将右手往下落，向前直着打出去，与金鸡食米之式手法相同，足法亦相同。

第六节 燕形劈拳式

再将左手左足向前出去，右手向后拉，为劈拳式，停住。

第七节 燕形回身式

回式与劈拳回身相同，稳住。再进仍是金鸡抖翎之式，以下仍如前循环不已，数之多寡自便。停住。

第八节　燕形收式

收式时还原起点处，仍是劈拳回身收式。稳住片时休息。

第九章　蛇形学

蛇形者，乃天地所赋之性，身体最玲珑，最活泼者也。身形有拨草之能。二蛇相斗，能泄露天之灵机，能曲能伸，能绕能蟠。在腹内即为肾中之阳，在易即为坎中之一也，在拳中谓之蛇形。能活动腰中之力，乃大易阴阳相摩之意也①。又如易经方图之中，震巽相接，十字当中求生活之谓也。②其拳顺则内中真阳透于外，如同九重天，玲珑相透，无有遮蔽，人之精神如日月之光明矣。其拳谬，则阴气所拘，拙劲所捆，身体不能活泼，心窍亦不能通灵矣。学者于蛇形中勉力而行，久之自能有得。如蛇之精神，灵巧奥妙，言之不尽。

注 释

①乃大易阴阳相摩之意也：大易：应读为太易。《列子·天瑞》："夫有形生于无形，则天地安从生？故曰有太易、有太初、有太始、有太素。太易者，未见气也；太初者，气之始也；太始者，形之始也；太素者，质之始也。"张湛注："易者，不穷滞之称，凝寂于太虚之域，将何所见也？如易系之太极，老氏之浑成也。"按拳中之无极应指《列子》所云之太易，未见

气也。拳中之太极应即赅括太初、太始、太素，即气之始也。有气即有形，有形即有质。有形即分阴阳，与阳相反相成而生万物。

②又如易经……生活之谓也：大意是说，在《周易》六十四卦，用方图写成时（见朱熹《周易本义》中《伏義六十四卦方位》），震卦阳与巽卦阴，是阴阳相接的，如果按此方图六十四卦的正中，横竖各取双行写一十字，则阳震与阴巽恰在十字的中间，故曰“十字当中求生活”，也就是阴阳紧密相接中求得拳艺的发展。

第一节　蛇形起点式

预备起点三体式（图 97）。将左足先往前垫步，次将右手心向上，往左胁下靠着身子极力穿去，右肩如同穿在左胳膊下窝一般。又次将左手曲回在右肩上，手心向肩尖如同扣住一般。身子阴阳相合着伏下去，小腹放在左大腿根上（图 98）。

图 97　三体式

图 98　蛇　形

第二节 蛇形前进式

图 99 蛇 形

右足再向左足胫骨处进步，不可落地，与右手同时极力斜着向右前方并出去。手心向里侧着，随后跟步如同虎形跟步法。左手亦同时拉回至左胁后边停住，手心向下，两手前后相对。两肩向外开劲，两胯根亦然。两眼顺着前手食指梢望前看（图 99）。

第三节 蛇形换式

再进左式，与右式身法步法均皆相同。数之多寡自便（图 100）。

图 100 蛇 形

第四节　蛇形回身式

图 101　蛇形图

回式，出去右式再回。右手先由上曲回在左肩处，手法、足法、身法起落均与鹞子翻身相同，惟是鹞子翻身是正式，或南北或东西，此式是斜角。再进仍与左式相同（图 101）。

第五节　蛇形收式

收式仍与回式相同，停住片时休息。[①]

注 释

① 此形前进时手出去皆为拳，而文字上说明又皆为掌，实际练时应以文字说明为准，两手出掌才是。

第十章　鲐形学

鲐形者，其性最直无他谬巧。此形有竖尾之能，上起可以超升，下落两掌捣物如射包头之力，在腹内能辅佐肝肺之功，又能舒肝固气，在拳中谓之鲐形，能以活肩，又能活足。其拳顺，则肝舒气固，人心虚灵，人心虚灵而人心化矣。又能实其腹，实其腹而道心生①。其拳谬，则两肩发拘不活，胸中不开，而气亦必不通矣。学者于此形勉力而行，可以虚心实腹，而真道乃得矣。

注 释

① 实其腹而道心生：按《老子》十二章云："是以圣人为腹不为目"，所谓为腹者，即以物养己；为目者，即以物役己。又第三章云："是以圣人之治，虚其心，实其腹。"所谓"道心生""虚其心"，《老子》第四章云：道冲。冲者，虚也，就是说，老子之道，要求人们心地空虚，即道心生。

第一节　鲐形起点式

预备起点三体式（图 102）。先将左足尖扭向外，身子面向正。将左手曲回。两手卷上拳，手心向里对在脐中处，靠着腹（图 103）。

图 102　三体式

图 103　鲐 形

第二节　鲐形进步式

再将两手如白鹤亮翅左右分开落下，两肘靠胁，两拳左拳在左胁下，右拳在右胁下靠住。两肩往下垂劲，右足与两拳分开之时，同时斜着往前进步。左足进至右足处提起，紧靠右足胫骨。腰塌劲，式微停（图 104）。

图 104　鲐 形

第三节　骀形进步式

图 105　骀 形

再将两手两腕仍紧靠着胁，直往前出去，手心皆朝上，两拳相离不过二三寸许，左足与两拳亦同时极力并出去。两肩往下垂劲，又往后抽劲，不可显露抽。两眼看两拳当中，右足随后跟步。如同虎扑子跟步相同。稳住再换式（图 105）。

第四节　骀形换式

图 106　骀 形

换式，先将左足往前垫步，足尖微向里扣。两拳仍如前式，相对在脐处，次分开白鹤亮翅。两拳落下紧靠两胁下边，两肩仍往下垂劲，右足进至左足胫骨处紧靠住。腰要往下塌劲，微停再进（图 106）。

第五节　骀形进步式

再进，将两拳直出，与左足并进。两眼看两拳当中，仍与第三节式相同。以下仿此（图 107）。

图 107　骀 形

第六节　骀形回式

回式，仍出去右式。先将右足拘回，身子向左转，两拳仍与左右式白鹤亮翅相同。左足提起，紧靠右足胫骨，微停。再出手进足，仍与左右式出手相同。再进仍如前，循环不已。

第七节　骀形收式

收式，仍与回式相同，停住片时休息。

第十一章　鹰形学

鹰形者，其性最狠最烈者也。有攫获之精，又目能视微物，其形外阳而内阴，在腹内能起肾中之阳气升于脑，即丹书穿夹脊，透三关①，而生于泥丸之谓也，在拳中谓之鹰形。其拳顺则真精补还于脑，而眼睛光明矣。其拳谬则真劲不能贯通于四肢，阴火上升，而头眩晕，眼亦必发赤矣。学者练此形，便能复纯阳之气，其益实非浅鲜。

注 释

① 三关：一般指周天功法中当内气在督、任脉路线上运行时，经过督脉路线上的三个部位，有的人气行至此，不易通过，故称为关。《金丹大成集》中，三关，脑后曰玉枕关；夹脊曰辘轳关；水火之际曰尾闾关。

第一节　鹰 形

预备起点三体式（图 108）。起钻落翻，身法步法仍与劈拳相同，惟手似鹰捉拏[①]之情形，劈拳似斧有劈物之情形，乃两形之性情不同，此故谓之鹰形。

图 108　三体式

注 释

①拏：音ná 同“拿”。

第十二章　熊形学

熊形者，其性最迟钝，其形最威严，有竖项之力。其物外阴而内阳，在腹内能接阴气下降，还于丹田。在拳中即谓熊形，能直颈项之力，又能复纯阴之气。能与鹰形之气相接，上升而为阳，下降而为阴也，二形相合演之，谓之鹰熊斗志，亦谓之阴阳相摩。虽然阴阳升降，其实亦不过一气之伸缩也。学者须知前式龙虎单习谓之开，此二形并练谓之合。知此十二形开合之道，可与入德矣。

第一节　熊形起点式

预备起点三体式。先将左手如劈拳落下，搂回顺着小腹钻上去与眉齐。左足同时回在右足处，足后根对着右足胫骨，足尖点地，足后根欠起。腰往下塌劲，眼往上看手心。手往上钻。项往上直竖，两肩往下极力垂劲，此谓之熊有竖项之力。右手顺着身子往上起，至左手处再往前往下，如鹰捉物捉去。胳膊似曲似伸，左手与右手同时往后拉，如劈拳拉法相同，拉至左肋停住。左足与右手同时出去，右手出去在两腿中间，右手与左足相齐。右足尖点地，足后根欠起，两眼看右手大指根中指梢。裆合着劲，身子似松似捆，似开似合，稳住再换式（图 109~ 图 111）。

图 109　三体式

图 110　左式熊形一

图 111　左式熊形二

第二节　熊形右换式

换式，将右手落下钻上亦如左式。右手往上钻去，左足与右手同时往前垫步，再出左手右足，与左式相同。数之多寡自便。回式出去左手右足再回式（图 112、图 113）。

图 112　右式熊形一

图 113　右式熊形二

第三节　熊形回式

回式，将右足尖极力往里扣，左手落钻与左足同时并起。身子向左转，右手左足出去，与左右式练法手足均皆相同。

第四节　熊形收式

收式时还于原起点处，仍与回式身法手足式样均皆相同，稳住片时休息。此形谓之鹰熊斗志。

第十三章　十二形全体合一学即杂式捶

杂式捶者，又名统一拳，是合五纲十二目统一之全体也。在腹内能使全体无亏。《大学》云："克明峻德"①也此譬言似属离奇，然实地练习则知。在拳中则四体百骸内外之劲如一，纯粹不杂。其拳顺，则内中之气独能伸缩往来，循环不穷，充周无间也。《中庸》曰："鬼神之为德，其盛矣乎?"喻变化无方其劲不见不闻，洁内华外，洋洋流动，上下四方，无所不有。②至其此拳中之内劲，诚中形外而不可掩矣。学者于此用心习练，可以至无声无臭之极端矣！先贤云："拳中若练到此时，是拳无拳，意无意，无意之中是真意"，此之谓也。③

注释

①克明竣德：是《大学》中语。克，能也；明，是显赫发展意；峻是大也；德是修养而有得于心。这句话是说，能够显赫发展高大的美德。施之于拳术，谓五行、十二形合一练之有得，能使人修养有素，无时不明自己之德而用之于人。

②《中庸》……无所不有：鬼神，即阴阳二气，指一气之伸缩。伸者

为阳，缩者为阴，阴阳伸缩变化不测。拳中之劲不见不闻，洁内华外，是指拳练得明洁纯正，内外顺适。其气上下流动，无不充满其间。

③ 学者……此之谓也：拳术练至上下相随，内外如一，随意而用，皆能得心应手，即有规无须再循规，无意之中自合规，如此则真意便在其中了。这样才能做到不见而彰，不动已变，虽有迹而无形，无可无不可，举手投足皆能中道。如此可以说是达到无声无臭之极端了。

第一节　形意杂式捶束身式

预备起点三体式（图 114）。次往前进步，是鹞子束身形式，停住（图 115）。

图 114　三体式

图 115　束 身

第二节　杂式捶入林式

往前进步，是鹞子入林之式。左拳在前，右拳在头正额处稳住（图 116）。

图 116　入林

第三节　杂式捶退步劈拳式

将右手从正额处攦下，至脐旁边停住。肘靠胁，左手同时抽回至左胁处，左足亦同时撤回至右腿后边。两腿足形式如劈拳形相同。此形亦谓之退步劈拳式（图 117）。

图 117　左式退步劈拳

第四节　杂式捶退步劈拳式

先将左手钻至头左额角处，手张开，再往下攦，亦攦至左胁处，在脐左边停住，右足亦同时撤回，至左足后边，仍与左式退步劈拳形式相同。左右共练四式，停住（图 118）。

图 118　右式退步劈拳

第五节　杂式捶乌龙倒取水式

图 119　乌龙倒取水

将右手从胁往下往后，如同画一圆形，从头正额处顺着身子往下落，至肚脐处靠住。左手同时从左胁处，于右手外边，手心向里往上钻，至正额处齐平着，相离正额二三寸许。再将右胳膊抬上去，手心向外，手背靠在正额处。左手顺着身子落下，手心向上靠住脐处，身子面向正停住。此式谓之乌龙倒取水（图 119）。

第六节　杂式捶单展翅式

将左足极力往后撤，至右足后边落下。右足随着亦往后撤，撤至左足处，右足后根紧对左足胫骨。右手与右足同时极力往下落至小腹处，肘与拳紧靠着胁腹。左拳仍在左胁不动。腰极力塌劲，右边小腹放在大腿上，身子亦不可太弯，往下看时，只要鼻子与足尖相齐为度。身子阴阳相合着，肩膀抽劲仍如前法。两眼看，跟着右手看，停住再往前看。此式谓之凤凰单展翅（图 120）。

图 120　单展翅

第七节　杂式捶蛰龙出现式

图 121　蛰龙出现

再前进，先进右足，极力往前进步。左手与右足同时出去，左足亦随后跟步，如崩拳跟法相同。身式高低亦与崩拳式相同。停住再进，此式谓之蛰龙出现（图121）。

第八节　杂式捶黑虎出洞式

步法、身法、出手与连环黑虎出洞式相同，稳住再进。

第九节　杂式捶白鹤亮翅式

身法、手法、步法与连环白鹤亮翅式相同，稳住再进。

第十节　杂式捶炮拳式

出手、身法与步法均与炮[①]拳式相同，稳住再进。

注 释

① 原文此处为“砲”同“炮”。原文二字混用，现统一作“炮”。后同，不另注。

图 122　双展翅

第十一节　杂式捶双展翅式

两手一齐落回在小腹处，右手卷拳，手心向上，落在左手心中。两肘紧靠胁，身子如同捆住一般。右足同时往回垫步，足尖仍向外斜着。两眼往前看。此式谓之凤凰双展翅。停住再进（图 122）。

第十二节　杂式捶入林式

出手、身法、步法仍与鹞子入林之式相同。稳住再退。

第十三节　杂式捶退步劈拳乌龙取水式

仍是倒劈拳回退，手法数目如前。退到头，亦仍是乌龙倒取水之式，不可久停即进。

第十四节　杂式捶燕子抄水式

将乌龙取水之式，右手过来，落下时紧接就是燕子抄水之式，停住（图 123～图 125）。

图 123　燕子抄水始

图 124　燕子抄水中

图 125　燕子抄水末

第十五节　杂式捶崩拳式

再进步为崩拳，手法、步法与连环第一式第一手相同。

第十六节　杂式捶青龙出水式

再退步，出手、身法、步法与连环青龙出水式相同。

第十七节　杂式捶黑虎出洞式

再进步，仍是黑虎出洞之式，稳住换式。

第十八节　杂式捶白鹤亮翅式

再变式，仍是白鹤亮翅之式，稳住再进。

第十九节　杂式捶炮拳式

再进，仍是炮拳之式，稳住再换。

第二十节　杂式捶双展翅式

再换，仍是凤凰双展翅之式，稳住。

第二十一节　杂式捶入林式

再进，仍是鹞子入林之式，稳住再退。

第二十二节　杂式捶退步劈拳乌龙倒取水式

再回退，仍是退步劈拳，退到头，仍是乌龙倒取水之式，停住。

第二十三节　杂式捶青龙探爪式

换式，将右手从正额处五指张开，往前极力伸去，与眼相平着。两足不动，两肩平着松开抽劲。微停住式，再出左手。此式谓之青龙探爪（图126）。

图126　青龙探爪

第二十四节　杂式捶鹰捉式

换式，将左手从心口处望着右手上边出去，右手抽回右胁。两足仍是原式不动。两手伸去抽回，与鹰捉相同。此式亦谓之鹰捉（图127）。

图127　鹰 捉

第二十五节　杂式捶裹手式

再换式，将左手如连环包裹裹回（左手往里裹时，左足同时至右足踝骨处，足尖点地，足后跟欠起）[①]，右手仍在右胁不动，微停。此式亦谓之裹手。

注释

① 括号内的四句，疑为脱字。补上以后，才和连环包裹式动作相同。下边第二十六节中左足亦与左手同时出去相接。

图 128　推窗望月

第二十六节　杂式捶推窗望月式

换式，将左手腕向外拧劲，斜着往外往上伸去，左足亦与左手同时出去。身式要往下缩力，又要矮，两腿与骑马裆相同。左肩里根极力松开抽劲，两眼看左手大二指中间，右手仍在右胁下不动。此式谓之推窗望月，停住（图 128）。

第二十七节　杂式捶三盘落地式

图 129　三盘落地

换式，将左手屈回落下，与大腿根相平，相离二三寸许，手腕极力往外扭劲，胳膊如半圆形。右手亦与左手同时落下，手腕向外扭劲，两手相同。两腿仍是骑马裆式不动，两眼往左往前看，两肩松开往外开劲，又往回抽劲，腰往下塌劲。此式谓之三盘落地（图 129）。

第二十八节　杂式捶[①]懒龙卧道式

图 130　懒龙卧道

再进，先将左手向前极力撑着劲出去，与心口平，将手卷上拳，手腕朝里[②]拧劲，手心向上。又将手如包裹劲，裹回手至心口处，胳膊紧靠肋。右手极力同时与左手裹回来时，从左手腕上边出去，手心向上。左手心翻向下，右足亦与右手同时出去，两腿与龙形步法相同。两眼顺着右手往前看，两肩极力往下垂劲，又往外开劲，微停。此式谓之懒龙卧道（图 130）。

注 释

① 原书漏一"捶"字。

② 原书"裹"字当作"里"字。

第二十九节　杂式捶乌龙翻江式

图 131　乌龙翻江

再进步，先将左腿往前进步落下，与鹞子入林步法相同。左手于右手下边出去，右手拉回，可与左腿出去同时拉回，两手与横拳相同。两眼看前手，停住。此式谓之乌龙翻江（图 131）。

图 132　崩 拳

第三十节　杂式捶崩拳式

再进，先进右手，与崩拳相同，两足不动，停住（图 132）。

图 133　龙虎相交

第三十一节　杂式捶龙虎相交式

再右足极力提起，往前蹬去，如画半圆形式，与心口相平为度。左手与右足同时出去，与右足相齐。此式谓之龙虎相交，停住（图 133）。

第三十二节　杂式捶出洞式

再进，将右足落在前边，右手出去，左手拉回，仍与黑虎出洞之式相同。停住。

第三十三节　杂式捶亮翅式

再换，仍是白鹤亮翅之式，停住。

第三十四节　杂式捶炮拳式

再换式，仍是炮拳之式，微停。

第三十五节　杂式捶双展翅式

再换式，仍是凤凰双展翅之式，停住。

第三十六节　杂式捶入林式

再进，仍是鹞子入林之式，停住。亦谓之顺步炮拳。

第三十七节　杂式捶倒取水式

再回退，仍是倒劈拳，到原起处，仍是乌龙倒取水式，停住。

第三十八节　杂式捶单展翅式

再退，仍是凤凰单展翅之式，停住。

第三十九节　杂式捶蛰龙出现式

再进步，仍是蛰龙出现之式。

第四十节　杂式捶出洞式

再进，仍是黑虎出洞之式，停住。

第四十一节　杂式捶风摆荷叶式

图 134　风摆荷叶

再将两手，一齐从前边往下落，顺着左边由下向上如画一圆形，从后边回来。再从目前，往右前双手推去，两手掌皆立着，与肩相齐，右手极力伸直，左手在右肩处。右足随着两手往回迈步，两腿形与青龙出水剪子股式相同。两手向后推，两眼亦顺着两手向后看。两肩仍如前抽劲，微停。此式谓之风摆荷叶（图 134）。

第四十二节　杂式捶指路式

再进，将左拳从右肩处往下前左伸去，如崩拳手相同，右手亦随着向下曲回在右胁处。左足与左手同时出去，如崩拳步法，惟后足不跟步。

第四十三节　杂式捶出洞式

再进步，仍是黑虎出洞之式，不可停即回。

第四十四节　杂式捶回身收式

回身式，仍是鹞子翻身之式，停住。立正休息。

第十四章　十二形全体大用学即安身炮

安身炮者，譬如天地之化育，万物各得其所也。在腹内气之体言之，其大无外，其小无内。在外之用言之，可以不见而章，不动而变，无为而成。夫人诚有是气，至圣之德，至诚之道，亦可以知，亦可以为矣。[①] 在拳中即为大德小德。大德者，内外合一之劲，其出无穷。小德者，如拳中之变化，生生不已也，譬如溥博源泉而时出之。[②] 如此形意拳之道，拳无拳，意无意，无意之中是真意至矣。学者知此，则形意拳中之内劲，即天地之理也，又人之性也，亦道家之金丹也。劲也，理也，性也，金丹也，形名虽异，其理则一。其劲能与诸家道理合一，亦可以同登圣域[③]，能与天地合其德，与日月合其明，与四时合其序，与鬼神合其吉凶。学者胡不勉力而行之哉。

注释

① 在腹……亦可以为矣：指腹内之一气，就其体言之，大而无外，无所不包。若言其小，小而无内，可以退藏于密（指心内最幽隐处）。若以在外用言之，可以不见而显著，不动而变化，不为而有成，不思而可得。就是

无迹而可育万物，有迹而又不见。人若有此至诚之气，可以前知，也可以有所作为。

② 在拳中……溥博源泉而时出之：是说浩然之气，至诚之德，在拳中称为大德小德。大德指内外合一之劲，其劲源源不断。小德是指拳中的变化，生生不已，循环往复而无端。正如《中庸》所言“溥博源泉而时出之”，意思指水大源深，所以泉水时而出之而不竭。练拳功深，内气足而劲无穷。

③ 登圣域：能达到圣人之境地。指拳中技艺高而得道者。

第一节　安身炮

甲乙二人对舞（甲上手，乙下手）。甲起点三体式，乙起点三体式。

甲先将左手向外拍出乙之左手，即速出右手，进步打崩拳。乙即速先向后撤右足，左足提起，紧靠右腿。再将左手将甲之右手向外推去，即速进步还打崩拳（图 135、图 136）。

图 135

图 136

第二节　安身炮

甲即将右手向后拉乙之右手，左手与右手同时向乙之面劈去，两足不动。

乙即将右手抽回抬起，左手与右手同时即向甲之心口打去，如鹞子入林之式。

甲再先将左足垫横，右足进至乙之左足外边，左手曲回，即搂乙之左手向后拉，右手亦同时向乙之面劈去，如劈拳（图 137、图 138）。

图 137

图 138

第三节　安身炮

乙即将左足垫横，急进右足，速将左手抽回抬起，右手同时向着甲之左面劈去。

甲即将右手向里裹劲，手心向上，左手腕向外扭劲。离面一二寸手心向下。两手一齐向着乙之右胳膊截去，谓之双截手，右足同时向前迈步（图 139、图 140）。

图 139

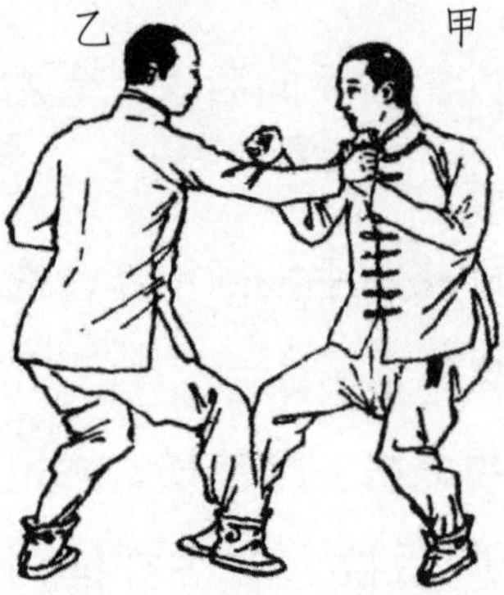

图 140

第四节　安身炮

乙即速左手向着甲之面劈去，右手拉回在心口右边。

甲即换右双截手，与左边相同，随后用右手从自己左手下边出去，向着乙之心口打去，两足仍不动（图 141、图 142）。

图 141

图 142

第五节　安身炮

乙将左足向后撤，右足提起，先将右手托着甲之右手，向后引进落空，随后再将左手，从甲之手腕底下伸去向后拉，又向后拨，即速将右手向着甲之心口打去。右足亦随着落下，连拉带拨带打，一二三合成一气不可间断（图 143、图 144）。

图 143

甲即向下坐腰，右手在乙之右手上边如同掴物往回掴，左手向自己右手前头亦如右手掴法相同。随后即将右手向着乙之面抓去，连掴带抓，一二三亦成一气不可间断（图 145）。

图 144

图 145

第六节 安身炮

乙即速屈回右手，再即向着甲之右手钻去，左手拉至心口处，身式要矮。

甲即速用左胳膊将乙之右胳膊挑起，右手抽回，再向着乙之心口打去。左足与右手同时进步，手足与炮拳式相同（图 146、图 147）。

图 146

图 147

第七节 安身炮

乙即速退步劈拳，用左手将甲之右手扣住，右手抽回在心口处，手心向下。

甲即用左手将乙之左手搂开，右手向着乙之左面，用手背打去，右足与右手同时进步（图 148、图 149）。

图 148

图 149

第八节　安身炮

乙即退右足，左足随着退，谓之后代后，左手抽回，再即速钻出，手足要同时动作。

甲即速进右足，跟左足，将左手拍出乙之左手，右手从乙之胳膊下边，向着乙之左面劈去，谓之偷打（图 150、图 151）。

图 150

图 151

第九节　安身炮

乙即进右足，向着甲之两腿当中落下，右手先将甲之右手向外拍出，左手再向自己之手前头伸，又向外拨甲之右胳膊，用右手背与右足同时打甲之右面反嘴巴①。

甲即将右手屈回，向着乙之右胳膊外边钻出，右足即速往后撤，右手再向回拉乙之右胳膊，左手与足同时，再向着乙之右面劈去（图152、图153）。

图152

图153

注 释

① 原书“吧”当作“巴”。

第十节　安身炮

乙先往后撤左足，用右手将甲之左手挂回，右足与右手同时提起。用左手将甲之胳膊往下把，右手再往甲之头上抓去。

甲即将左胳膊屈回，向着乙之右手里边钻去。随后将右胳膊如蛇形，向着乙之裆内撩去，右足与右手同时进步（图 154、图 155）。

图 154

图 155

第十一节　安身炮

乙即往后撤右足，再用右手将甲之右手，顺着往后摅[①]下，左手即速向着甲之脖项伸去，与右手同时向后按着劲拉。

甲即将右手屈回，往外挂乙之左手，左手再向着乙之右颊劈去。两足不动（图 156）。

图 156

注 释

① 摅：音 shū，意撕。

第十二节　安身炮

乙即将左胳膊抽回在肋，右手即速向着甲之左手里边钻去，两足不动。

甲即抽回左手在肋，右手即向着乙之左颊劈去，两足不动（图157、图158）。

图 157

图 158

第十三节　安身炮

乙即将右手向着甲之右手拍去，左手随后向着甲之右胁打去，身子即换骑马式。

甲即坐腰，两足仍不动，随即两手用猴子捯绳式一二三用右手抓去（图 159、图 160）。

图 159

图 160

第十四节　安身炮

乙即退左足，右手速用钻掌向甲右手外边钻去，左手在左胁。

甲即用左手向乙之右手里往外拨出，用胳膊挟住，再速用右手向着乙左边脖项切去，左腿与手同时进步，落至乙之右腿外边，挎住他（图 161、图 162）。

图 161

图 162

第十五节　安身炮

乙即用双截手，将甲之右手截开，两足不动。

甲即将右手抽回，随后用左手向着乙之右颊劈去，两足仍不动（图 163、图 164）。

图 163

图 164

第十六节　安身炮

乙仍用双截手，随后再用右手偷打甲之左肋（同图 164）。

甲即向后坐身，两足不动，左手将乙之右胳膊，顺着往后摅，谓之顺手捧[①]羊式（图 165）。

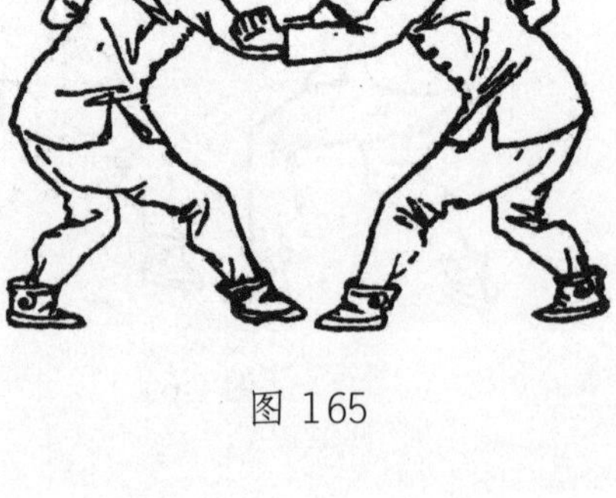

图 165

注 释

①摔：古同“牵”。

第十七节　安身炮

甲先不起身，即用右足向着乙之右腿踢去，右手向着乙之右胳膊搁去，如搁绳一二三相似。惟右足不等落地即提起，左足与右手同时起落，如同狸猫上树之式。

乙即先提起右腿，再往后退步落下，右手即屈回，再向着甲之右手外边钻去，左手在心口处（图 166、图 167）。

图 166

图 167

第十八节　安身炮

乙　　甲

图 168

甲即用左手挑起乙之右胳膊，右手抽回，再向着乙之左颊劈去，两足仍不动。

乙即速抽回右手在右胁处，左手即向甲之右肩抓去，谓之鹞子抓肩式（图 168）。

第十九节　安身炮

甲　　乙

图 169

甲先用右手，向着乙之左手腕往外搂，左手紧跟向着乙之左手腕上边往外推，右手随后向着乙之左颊劈去，亦是一二三之理，两足不动。

乙即将左胳膊屈回，再向着甲之右手里边钻去，随后往回挂。右手即向着甲之左颊劈去，两足仍不动（图 169）。

图 170

第二十节　安身炮

甲即用双截手，截去乙之右手，两足不动。

乙即将右手抽回，再用左手向着甲之左颊劈去，两足仍不动（图 170）。

第二十一节　安身炮

甲即再用双截手，截去乙之左手，即再用右手偷打，仍如前双截手偷打相同。此右手偷打出去，如起点时乙之起手打崩拳，第一手相同（图 171、图 172）。

图 171

图 172

第二十二节　安身炮

乙再退右足，提左足，用左手将甲之右手向外推，右手即速用崩拳，向着甲之腹打去。此为甲之起点第一手，还打乙之第一手相同。再往回打，仍是乙为甲之已来之式，甲为乙之已来之式，循还往来不穷。若欲休息，仍还于原起点处停住，自便休息（图 173）。

图 173

（下卷终）

跋

余于乙卯岁获谒孙先生禄堂，得见其所著《形意拳学》一书，并承先生指示途径，然后知形意拳之难能可贵也。在内为意，在外为形，意之所至即气之所至，养气功深得中和之正轨，而形于外者，自然从容中道，形上形下，一以贯之，夫固非专求外壮者所可同日语也，爰缀数言以誌景仰。

民国八年四月东台吴心穀谨跋

新书预告

武学名家典籍丛书

孙禄堂武学集注

（形意拳学　八卦拳学　太极拳学　八卦剑学　拳意述真）

孙禄堂　著　　孙婉容　校注　　定价：288 元

杨澄甫武学辑注

（太极拳使用法　太极拳体用全书）

杨澄甫　著　　邵奇青　校注　　定价：178 元

陈微明武学辑注

（太极拳术　太极剑　太极答问）

陈微明　著　　二水居士　校注　　定价：218 元

（第一辑）

李存义武学辑注

（岳氏意拳五行精义　岳氏意拳十二形精义　三十六剑谱）

李存义　著　　阎伯群　李洪钟　校注　　定价：258 元

张占魁形意武术教科书

张占魁　著　　吴占良　王银辉　校注

薛颠武学辑注

（形意拳术讲义上编　形意拳术讲义下编　象形拳法真诠　灵空禅师点穴秘诀）

薛　颠　著　　王银辉　校注　　　　　　　　　　定价：358 元

（第二辑）

陈鑫陈氏太极拳图说（配光盘）

陈　鑫　著　　陈东山　陈晓龙　陈向武　校注

董英杰太极拳释义

董英杰　著　　杨志英　校注

许禹生武学辑注

（太极拳势图解　陈氏太极拳第五路　少林十二式）

许禹生　著　　唐才良　校注

（第三辑）

李剑秋形意拳术

李剑秋　著　　王银辉　校注

刘殿琛形意拳术抉微

刘殿琛　著　　王银辉　校注

靳云亭武学辑注

（形意拳图说　形意拳谱五纲七言论）

靳云亭　著　　王银辉　校注

（第四辑）

武学古籍新注丛书

王宗岳太极拳论

李亦畬　著　　二水居士　校注　　定价：50 元

太极功源流支派论

宋书铭　著　　二水居士　校注　　定价：68 元

太极法说

二水居士　校注　　定价：65 元

（第一辑）

手战之道

赵　晔　沈一贯　唐顺之　何良臣　戚继光　黄百家　黄宗羲　著

王小兵　校注

（第二辑）

百家功夫丛书

张策传杨班侯太极拳 108 式　（配光盘）

张　喆　著　　韩宝顺　整理　　定价：48 元

河南心意六合拳　（配光盘）

李洳波　李建鹏　著　　定价：79 元

（第一辑）

形意八卦拳

贾保寿　著　　武大伟　整理　　定价：49 元

张鸿庆传形意拳练用法释秘　　邵义会　著
王映海传戴氏心意拳精要　　王映海　口述　　王喜成　主编
戴氏心意拳功理秘技　　王　毅　编著

（第二辑）

华岳心意六合八法拳　　张长信　著
程有龙传震卦八卦掌　　奎恩凤　著
杨振基传太极拳内功心法　　胡贯涛　著
刘晚苍传内家功夫与手抄老谱　　刘晚苍　刘光鼎　刘培俊　著

（第三辑）

民间武学藏本丛书

守洞尘技　　崔虎刚　校注
通臂拳　　崔虎刚　校注
心一拳术　　李泰慧　著　　崔虎刚　校注
六合拳谱　　崔虎刚　校注
少林论郭氏八翻拳　　崔虎刚　校注

（第一辑）

心意拳术学　　戴　魁　著　　崔虎刚　校注
武功正宗　　买壮图　著　　崔虎刚　校注
太极纲目　　崔虎刚　校注
神拳拳谱　　崔虎刚　校注
精气神拳书·王堡枪　　崔虎刚　校注

（第二辑）

老谱辨析点评丛书

再读浑元剑经　　马国兴　著

再读王宗岳太极拳论　　马国兴　著

再读杨式老谱　　马国兴　著

再读陈氏老谱　　马国兴　著

（第一辑）

民国武林档案丛书

太极往事　　季培刚　著

（第一辑）

拳道薪传丛书

三爷刘晚苍——刘晚苍武功传习录

刘源正　季培刚　编著　　定价：54 元

慰苍先生金仁霖——太极传心录　　金仁霖　著

习武见闻与体悟　　陈惠良　著

（第一辑）

图书在版编目（CIP）数据

孙禄堂武学集注. 形意拳学 / 孙禄堂著；孙婉容校注.——北京：北京科学技术出版社，2016.1（2020.6 重印）

（武学名家典籍丛书）

ISBN 978-7-5304-8623-8

Ⅰ. ①孙… Ⅱ. ①孙… ②孙… Ⅲ. ①形意拳 - 基本知识 Ⅳ. ①G852

中国版本图书馆 CIP 数据核字（2016）第 230068 号

孙禄堂武学集注——形意拳学

作　　者： 孙禄堂
校 注 者： 孙婉容
策　　划： 王跃平　常学刚
责任编辑： 王跃平
责任校对： 贾　荣
责任印制： 张　良
封面设计： 张永文
版式设计： 王跃平
出 版 人： 曾庆宇
出版发行： 北京科学技术出版社
社　　址： 北京西直门南大街 16 号
邮政编码： 100035
电话传真： 0086-10-66135495（总编室）
0086-10-66113227（发行部）　0086-10-66161952（发行部传真）
电子信箱： bjkj@bjkjpress.com
网　　址： www.bkydw.cn
经　　销： 新华书店
印　　刷： 保定市中画美凯印刷有限公司
开　　本： 787mm × 1092mm　1/16
字　　数： 135 千字
印　　张： 20.75
插　　页： 4
版　　次： 2016 年 1 月第 1 版
印　　次： 2020 年 6 月第 5 次印刷
ISBN 978-7-5304-8623-8 / G·2531

定　　价：78.00 元